서문문고
113

나의 연극 교실

김정옥 지음

◎ 나의 연극 교실

차 례

연극(演劇)의 이해(理解)
1. 연극이란
2. 연극의 특성
3. 연극의 효능
4. 연극의 종류
5. 아마추어 연극

연극을 이루는 요소
1. 관객
2. 배우
3. 연출가
4. 소도구
5. 조명
6. 극장과 무대장치
7. 의상과 분장

희곡문학
1. 희곡의 본질
2. 주제 및 작품의 시대적 배경
3. 희곡의 분류
4. 구성(플롯)
5. 인물과 성격
6. 언어와 사상
7. 오디푸스왕과 오해의 경우

배우의 작업
1. 연기자의 훈련
2. 음성의 훈련
3. 육체적 훈련
4. 연기의 유형
5. 기본적인 법칙
6. 역(役)의 창조

연출가의 작업
1. 연출의 역사
2. 리더로서의 연출가
3. 창조자로서의 연출가

20세기 연극의 모험
1. 현대 연극의 탈출로
2. 전위극의 생리
3. 전위극의 기교
4. 표현주의 연극
5. 반연극, 반기성(反旣成), 부조리(不條理)
6. 시와 연극
7. 현대 연극의 위기

관극(觀劇) 노트
1. 파리의 연극
2. 내가 본 뉴욕의 나체극
3. 70년의 구미 연극

후기

나의 연극 교실

연극의 이해

1. 연극이란?

 연극은 그 발생 동기를 대개 두 가지로 보고 있다. 하나는 '인간의 유희(遊戱)본능'이요, 또 하나는 '고대 사회의 종교적 의식'에서 그 기원을 찾아볼 수 있다는 것이다.

 영어의 'PLAY', 불어의 'JEU', 중국어의 '희(戱)', 일본어의 '유(遊)'라는 말과 같이 우리나라에서는 '산대(山臺)놀이', '관원(官員)놀이', '사자놀이' 등의 '놀이'(또는 노리)라는 말이 연극과 유사한 뜻으로 쓰여진 것을 보더라도, 연극이 인간의 유희 본능에서 그 기원을 찾아볼 수 있다는 것은 수긍이 간다고 하겠으며, 또한 고대 사회의 종교적 의식이 지극히 극적인 성격을 띠고 있다는 점도 모든 민족 사이에 공통된 현상이다.

 이런 일들을 생각해 볼 때 연극활동은 한없이 옛날로 거슬러 올라가며, 인간생활 가운데 본능적으로 싹터 오르는 욕망의 구현이라고 볼 수도 있는 것이다.

 연극을 그 기능면에서 본다면 그리스의 철인 아리스토텔레스가 '비극의 효과는 공포와 연민(憐憫)에 의하여 그와 유사한 감정으로부터 정화를 불러일으킴에 있다.'라고 말한 것처럼 관객으로 하여금 공포와 동정을 일으키게 하여 감동시킴으로써 관객의 정신생활을 정화하고 순수하게 하는 데 있다고 하겠다. 다시 말해서 아리스토텔레스는 정화작용 또는 분해작용 즉, '카타르시스'란 말을 써서 연극의 효과적 작용의 근거를 설명하고 있다.

'katharsis'의 뜻은 생리적 또는 심리적·윤리적 측면에서 해석할 수도 있지만 우리들의 우울한 생활, 불쾌지수가 높은 억압된 생활감정이 연극에 의해서 정화되고 정신적으로 상쾌해지고 풍부해진다는 의미로 해석되어야 할 것이다. 그러나 이 정화작용은 결코 강제적인 성격을 띤 것이 아니고 어디까지나 예술적 매력과 감동에 의해 여러 사람에게 주어질 수 있는 것이다. 또한 매우 직접적이며 창조적으로 주어지기 때문에 연극은 보는 사람의 마음을 움직이게 할 수 있는 것이다.

그러기에 연극은 반대로 나쁜 영향을 줄 수도 있다. 플라톤이 '연극처럼 사람의 감정을 흔들리게 하는 것은 올바른 이성을 흐리게 하니 추방(追放)하자'고 말한 것은 그 한 예로서 연극의 호소력이 그만큼 강력하다는 것을 말하는 것이라 생각된다. 흔히 극적이라는 말은 우리들의 마음에 깊은 감동을 주는 것이나 신선한 흥미와 창조적인 경험을 의미한다고 할 수 있는데, 비록 그 깊이와 정도의 차이는 있을망정 그러한 신선한 감동과 자극을 아마추어 연극에서도 찾아볼 수 있을 것이고 일상생활 속에서도 그와 비슷한 경험을 얻을 수 있을 것이다.

연극의 매력은 바로 그러한 데 있으며 한정된 인생을 풍부하게 하고 연장한다는 데 연극의 뜻이 있는 것이 아닐까? 사실 따지고 보면 모든 인생은 그의 인생에서 하나의 역(役)밖에는 맡을 수 없다. 연극에서 우리는 허구한 역을 맡을 수 있고 여러 각도에서 해석할 수도 있다. 그래서 인생은 연극보다도 따분한 것이 아닐까…….

2. 연극의 특성

모든 예술은 저마다의 특성을 지니고 있다고 하겠는데, 연극은 첫째로 종합적이라는 점을 그 특성으로 들 수 있을 것이다. 연극의 종합적(synthesis) 특성은 그 형식 자체로부터 오는 것이라고 하겠는데 이는 연극의 최종 형식은 어디까지나 공연에 있으므로 어떤 하나의 인격으로는 성립될 수 없으며, 작가·배우·장치·조명·연출가 등의 협력에 의해서 비로소 하나의 예술이 창조될 수 있는 것이기 때문이다.

그것은 하나의 집단적인 창조로 인화(人和)와 창조에 대한 꾸준한 집단적 에너지가 있어야만 하는 것이다. 각기 다른 인격과 다른 환경에 있는 사람들이 하나의 예술적 창조를 위해 융합되어 힘을 모은다는 데 연극의 특이성과 매력이 있는 것이며 인간의 사회생활을 영위하는 데에도 밀접한 연관성을 가지고 있다고 하겠다.

둘째로 연극의 특성으로서 시간적이라는 것을 들 수 있다. 즉, 연극이란 한정된 시간에 공연되고 사라져 가는 예술이다. 물론 희곡 자체는 영원히 고정되는 것이지만 연출이나 연기 또는 장치는 각 공연시마다 다르며 더욱이 연기는 매 공연마다 다를 수 있기 때문이다.

이처럼 연극이 순간에 존재했다가 사라져 가는 예술이라는 것은 연극의 약점일 수도 있지만 동시에 오늘 현재 존재한다는 점에서, 보다 생생한 힘을 지니고 있으며, 이러한 생생한 감동이나 즐거움을 준다는 것은 모든 것이 기계화되고 유형화되어 가는 오늘의 사회에서는 그만큼 귀중한 것이라 하겠다.

프랑스의 유명한 연극배우 장 루이 바로는 연극의 연기와 영화의 연기를 비교해서 말하기를, '연극의 연기는 오늘의 연기요, 영화의 연기는 어제의 연기이다'라고 말했다. 이 말은 영화의 연기는 카메라에 의해서 포착되고 그 카메라에 의해서 포착된 연기, 그러니까 어제의 연기를 관객이 보게 되는데 연극의 경우에는 지금 이 순간 관객 앞에서 행해지는 연기를 관객이 볼 수 있다는 의미로 해석된다. 어제의 것을 본다는 것보다는 지금 이 순간에 행해지는 것, 이른바 실연예술(實演藝術)이 보다 생생한 감동을 불러일으킬 수 있는 것은 당연한 일이다.

셋째로 모방적이라는 점을 들 수 있는데, 이 말은 재창조적 또는 재생적이라는 말과도 통한다. 이를테면 인간의 삶을 동작과 언어 속에 재생한다고 할까······.

시와 같은 장르에 있어서의 미적 경험이 그 '완결성'과 더불어 일상생활에서의 '탈출성'을 지니고 있다면 연극은 다른 어느 예술적인 장르에 있어서보다 더 일상생활에 밀착되어 있으며 우리의 생활 주변에 대한 생생한 관심에서 출발한 것이라 할 수 있다. 그러므로 연극은 고도의 예술로 승화할 수도 있겠으나 민속적 또는 한계예술적인 성격을 지니고 있다는데 그 큰 매력이 있다고 하겠으며, 우리의 생활과 유리시켜서 생각할 수 없는 것이다.

넷째로 연출적이라는 점을 들 수 있다. 이 말은 연극의 최종 단계는 공연에 있는데 이는 오리지널한 창조가 아니라 희곡에 의거한 창조, 즉 연출이기 때문이다. 오리지널한 희곡은 지속성을 지니고 있으나 여기에서부터 이루어지는 최종적인 창조, 즉 공연은 극히 연출적인 성격을 띠고 있다. 이런 점은 음악과 비슷한 성격을 띠고 있다고 하겠으나 한 희곡을 기초로 해서 연출가와 연기자가 무대상에 연극을 창조하는 것이 음악에 있어 연주자가 악보를 기초로 해서 음악을 창조하는 경우보다 더 자유로운 해석이나 비약이 가능하다고 하겠다.

요컨대 연극은 네 가지 성격으로 특징지워진다고 할 수 있는데 첫째로 그 형식에 있어 종합적이며, 둘째로 그 공연의 성격상 시간의 예술, 즉 한정된 시간에 존재하는 예술이며, 셋째로 그 소재를 취급함에 있어 모방적이며, 넷째 그 방법에 있어서 연출적이라고 할 수 있는 것이다.

3. 연극의 효능

연극의 효능이 정신생활을 정화하고 순수하게 하는 katharsis에 있다는 것은 이미 설명한 바이지만, 그러한 예술적인 효능을 갖지 못하더라도 아마추어 연극에서도 다음과 같은 효능은 기대할 수 있다.

(1) **창조의 즐거움**

연극은 몸 전체를 재료로 해서 창조하는 것으로 여러 가지 인간형을 창조하는 즐거움이 있다. 프랑스의 여류 소설가 프랑수아즈 사강은 '인생을 어떻게 생각하느냐'라는 기자의 질문에, '음악도 두 번은 들어야 어떻다고 이야기를 할 수 있는데, 아직 한 번도 살아 보지 못한 인생에 대해서 어떻게 말할 수 있겠느냐'고 대답한 적이 있다. 연극은 이 한 번밖에 살 수 없는 인생을 여러 번 살 수 있는, 그러니까 실제의 인생이 아닌 상상의 세계를 무대에 연장시키고 허구적인 인간형을 창조해 볼 수 있는 것이다.

(2) 감정 해방의 즐거움

보통 억누르고 있던 감정을 극중인물을 통해 발산시킨다. 이러한 감정의 해방이, 자꾸만 고립되어 가는 현대인의 정신위생상 극히 중요한 것은 두말할 것도 없다. 이러한 감정 해방의 즐거움은 출연자뿐만 아니라 관객도 맛볼 수 있다.

(3) 재능을 발휘하고 발전시킬 기회를 갖는다

스스로 몰랐던 재능을 발휘할 수가 있으며 타인의 재능을 발견할 수도 있다. 우리는 연극을 통해서 일상생활에서는 도저히 엿볼 수 없었던 뜻밖의 개성을 출연자 속에서 발견하는 수가 흔히 있으며, 자기 자신도 몰랐던 스스로의 일면을 발견하고 놀라는 수도 있다. 그리하여 지극히 침울하고 내성적으로만 보이던 사람이 무대에 섬으로써 쾌활하고 명랑한 성격을 되찾은 경우도 흔히 있는 것이다. 결국 스스로를 알게 되는 동시에 서로를 평가하는 좋은 기회가 될 수 있다고 하겠다.

(4) 상호 이해의 좋은 방법이 된다

연극이란 어느 의미에 있어서는 타인에 대한 관심에서 출발했다고 해도 과언이 아니다. 자기 아닌 다른 사람들은 행복한가, 불행한가…… 타인의 울음과 눈물, 기쁨과 슬픔에 공감하는 데서 연극행위는 비롯되는 것이다. 결국 연극을 소박하게 생각한다면 A라는 인간이 B라는 다른 인간으로 옮겨 가는 것을 뜻하며, 타인에 대한 관찰·이해가 그 기초를 이룬다고 말할 수 있다. 타인을 이해함으로써 생기는 따뜻한 공감대(共感帶)가 곧 연극의 시발점이 되는 것이다.

(5) 협력의 즐거움을 알게 된다

연극의 중요한 특성이 종합적인 데 있다는 점은 앞서 설명한 바 있거니와 하나의 연극이 이루어지기 위해서는 희곡작가·연출가·연기자·미술가·음악가 등 많은 사람이 하나의 창조를 위해 노력을 해야 하며 심지어는 관객도 연극의 창조에 한몫 한다고 말할 수 있다. 개인주의가 고도로 발달해 가는 오늘의 사회에 있어 하나의 창조적 기쁨을 위해 여러 사람이 혼연일체가 되어 협력을 한다는 것은 그만큼 어려운 일이기도 하지만 그러기에 더욱 소중한 것이라고 할 수도 있다.

(6) 발표 능력을 기르게 된다.

연극은 결국 인간의 육체를 통해 표현된다. 그래서 그 중요 수단은 말이며 얼굴의 표정과 몸짓 등이라고 할 수 있다. 동양에서는 자기가 생각하는 바를 제대로 주장하고 기쁨과 슬픔을 나타내는 것을 경박하게 여기는 경향이 없지 않았다. 그래서 말이 없는 사람을 마음이 깊은 사람으로 대접하고 희로애락(喜怒哀樂)을 나타내지 않는 사람을 무던하고 점잖은 사람으로 여겨 왔다. 그러나 그것은 다분히 봉건적인 사회의 유산(遺産)이라 할 수 있으며 민주사회에 있어서는 스스로의 생각하는 바를 정확히 표현하고 느끼는 바를 건강하게 표현한다는 것을 침묵(沈默)의 미덕보다도 더욱 중요시하고 있다. 많은 지식을 얻는다고 해도 그것을 발표할 능력이 없다면 결국은 무의미한 것이 되며 그래서 발표 능력을 길러 준다는 것은 지식의 주입 못지않게 중요한 교육의 목적이 되어 있다. 그러나 한국의 교육은 말을 통한 표현, 이른바 구현법(口現法)이라든가 화술을 등한시하고 있다고 하겠는데, 연극적인 경험을 통해 걸음걸이나 몸짓을 아름답게 하고 아름다운 말을 구사할 수 있는 능력을 개발할 수 있다면 얼마나 다행한 일인가…….

(7) 자기를 억제할 줄 알게 한다

연기란 자기를 표현하는 이상으로 상대 역을 표현할

수 있게 도와주는 것으로 자제력의 중요성을 알게 해준다. 아무리 뛰어난 연기자라 할지라도 상대 역과의 조화를 이루지 못하는 연기자라면 높이 평가할 수 없을 것이다. 이른바 호흡이 맞지 않는다는 것은 이러한 경우에 하는 말이며 연기자들 상호간에 호흡을 맞추기 위해서는 자제할 줄 알아야지 혼자 설쳐서는 연극을 망치고 말 것이다. 좋은 연기를 한다는 것은 자기를 과시하는 것이 아니라 상대방을 돋보이게 한다는 것이 보다 중요하다 할 수 있으며, 이런 점에서 자제심의 중요성을 인식하게 된다.

이렇게 볼 때 연극의 사회적 효능과 교육적 의의는 퍽 크다고 하겠으며, 특히 아마추어 연극에 있어서는 발표된 무대상의 결과도 중요하지만 그보다도 그것을 만드는 과정이 더욱 중요하다고 할 수 있을 것이다.

남(공연자)을 위해서 나를 억제하면 남도 내가 맡은 역을 제대로 해낼 수 있도록 나를 도와주는 것이다.

4. 연극의 종류

연극의 본질은 결국 A라는 인간이 자기와는 다른 B라는 인간이 되는 것이라고 말할 수 있는데, 그 A라는 인물이 진짜 인간이 아니라 희곡 속에 만들어진 성격,

픽션 속의 인물이라는 것이 실제의 인생과 예술의 차이라 할 수 있을 것이다. 사실 따지고 보면 인간 이외의 동물은 자기를 주장할 줄은 알아도 자기 이외의 동물이 되어 그 기분을 이해하는 능력은 없으나 타인의 복잡한 내면의 움직임, 그 기쁨과 슬픔, 그 섬세한 움직임을 느끼고 거기에 동감하고 그 인간에 '동화(同化)'한다는 것은 인간 특유의 정신작용이라 할 수 있을 것이다.

A라는 희곡작가가 B라는 인물을 그리고 C라는 배우가 원래의 자기와는 다른 B라는 성격을 표현하고, 다시 D라는 관객이 무대 위의 B라는 성격에 공감을 할 수 있다는 것은 바로 이 동화작용의 덕택이라 할 수 있다. 결국 연극의 목표는 A라는 작가가 만들어 낸 B라는 인간을 C라는 배우가 구체적으로 표현하고 그것을 다시 D라는 관객이 그대로 받아들이는 것인데, 이 기적(奇蹟)을 가능케 하는 것은 B라는 픽션 속의 성격에 작가·배우·관객이 동화할 수 있기 때문일 것이다.

다만 여기서 이 B라는 인물을 작가나 배우·관객이 어떠한 태도로 대하느냐에 따라서 연극의 성격이 달라진다고 볼 수 있다. 그 대표적인 것으로 비극과 희극을 구별할 수 있다. 비극이란 대체로 심각하고 우울한 이야기로 주인공의 죽음과 같은 불행한 결말을 가지고 있으므로 아무래도 눈물과 연관이 있으며, 희극은 경쾌하고 유머가 넘치는 이야기로 대체로 결혼과 같은 행복한 결말을 가지고 있으므로 웃음과 연관성이 많다.

 웃음=희극, 눈물=비극, 하고 생각하면 간단하지만 반드시 그렇게 간단하지만은 않다. 이를테면 왜 불행하고 슬픈 연극을 돈을 주고 보러 가느냐가 문제인데, 그것은 비극이 단순히 불행한 이야기에 그치지 않고 거기에 따르는 특수한 정감을 느낄 수 있기 때문이라고 한다. 이를테면 재난(災難)을 겪는 주인공을 보는 관객의 마음에는 동정하는 마음이 생긴다. 그러나 그것은 동정하는 데 그치지 않고, 그 재난이 무대상의 비극의 주인공에만 한하지 않고 그것을 보고 있는 우리들에게 일어날지도 모른다는 두려움으로 변할 수 있다. 타인에게 일어난 재난에 동정을 느낀다는 것이 인간 특유의 정신작용이라는 점은 이미 설명한 바이지만, 그것이 타인의 일이 아니라 자기에게 떨어질지도 모른다는 두려움이 될 때 무대상의 인물과 관객은 완전히 동화된다고 하겠다. 이 동화작용이야말로 비극의 기본이 된다고 하겠다.

 비극이 '동정'과 '두려움'의 예술이라면 희극은 '웃음'의 예술이라고 할 수 있을 것이다. 자기 이외의 타인에게 동화한다는 것이 인간에게 특유한 정신작용이라고 할 수 있다면 웃는다는 생리현상(生理現象), 또는 그 배후(背後)에 있는 마음의 움직임 또한 인간 특유의 것이라 할 수 있다. 다만 거기에는 이제까지 우리가 연극의 본질이라고 생각해 온 동화작용으로는 설명할 수 없는 이질적인 것을 엿볼 수 있다.

대체 인간은 왜 우는가? 어떤 대상에 대해서 동정하고 동화(同化)가 된다면 웃음이란 나올 수 없다. 오히려 거리를 두고 비판하는 이화작용(異化作用)의 소산이라고 해도 과언이 아니다. 물론 연극에 있어서 동화작용과 이화작용을 엄격히 구별한다는 것은 어려운 일이지만 소재나 등장인물에 대한 작가나 배우·관객의 태도에 따라서 그것이 비극이 될 수도 있고 희극이 될 수도 있다는 것은 사실이며, 희극적인 요소와 비극적인 요소가 혼합된 소위 희비극도 있을 수 있을 것이다.

현대극에서 흔히 이야기되는 소위 '부조리 연극'의 경우에는 희극이냐 비극이냐는 분류가 불가능하며 그러한 분류가 무의미하다는 생각이 들 때도 있다. 종래의 연극에서는 비극과 희극이 혼합되더라도 그 주된 빛깔이 있었다고 할 수 있는데 이러한 새로운 연극에서는 눈물과 웃음, 동화와 이화가 공존한다고나 할까…….

우리는 비극과 희극 외에 '멜로드라마'니 '소극(笑劇)'이니 하는 장르를 연극 속에 분류하기도 하는데 멜로드라마는 비극의 범주에서, 소극은 희극의 범주에서 설명할 수 있는 것으로, 결국은 동화작용과 이화작용, 그 정도의 차이에 따라 연극의 성격이 규정지어지는 것이 사실인 것 같다.

이러한 동화작용과 이화작용의 문제는 배우술(俳優術)에도 대단히 중요한 과제이다. 연기자가 극중의 성격에 동화해야 하느냐 또는 이화해야 하느냐, 관객에게 동화를 강요해야 할 것이냐 이화를 요구해야 할 것이냐 하는 문제는 현대 연극에 있어서도 흔히 논쟁(論爭)을 불러일으키는 문제로서 어느 쪽을 취하느냐에 따라 연극의 스타일, 연기의 스타일이 결정된다고 해도 과언이 아니다.

희극이나 비극이나 한 분류 외에 그 목적의식에 따라 타율적인 연극이니 자율적인 연극이니 하고 구별하는 수도 있다.

분명한 사회적 또는 정치적 목적의식을 가지고 쓰여진 작품을 타율적인 연극이라고 한다면 모든 목적의식을 배제하고 연극이 가지고 있는 성격, 그 재미에 오로지 충실하려는 연극을 자율적인 연극이라고 할 수 있을 것이다. 전자에 속하는 작품으로는 셰익스피어의 〈베니스의 상인〉, 입센의 〈인형의 집〉 등을 들 수 있으며 〈흥부와 놀부〉·〈심청전〉 같은 권선징악극(勸善懲惡劇)도 이 부류에 속한다고 하겠다. 후자에 속하는 작품으로는 몰리에르의 〈스카펭의 간계(奸計)〉나 셰익스피어의 〈십이야(十二夜)〉 같은 작품을 들 수 있겠다.

 물론 이 경우에도 희극과 비극의 경우와 마찬가지로 타율성과 자율성이 혼합된 경우가 더 많으며 그 어느 쪽으로 뚜렷이 분류할 수 없는 경우가 많지만 그러나 이러한 분류가 때로는 작품의 이해를 도우며 어떠한 연극적 창조나 아마추어적 놀이에 있어서도 보다 나은 뚜렷한 방법을 제시해 줄 수도 있다. 직업적인 연극이건 아마추어 연극이건 우리는 때로 기대했던 것과는 정반대의 반응을 관객에게서 받고 당황할 때가 있다. 눈물을 기대했던 장면에서 관객이 웃을 때, 웃음을 기대했던 장면에서 관객이 시무룩해 있으면 우리는 어딘가 착오가 있었다는 사실을 새삼 깨닫게 되는 것이다.

5. 아마추어 연극

 최근 몇 년 사이에 대학극(大學劇)이라든가 아동극이 퍽 활발해졌으며, 지난해에는 문공부 주최로 소인극경연대회(素人劇競演大會)가 개최되는 등 아마추어 연극에 대한 관심이 높아지고 있다. 이러한 아마추어 연극이 영화나 텔레비전에 출연하는 틈을 타서 체면 유지를 위해 무대에 서는 감이 없지 않은 직업적인 연기자들의 무대보다도 더 신선한 매력을 주는 수도 없지 않은 것이다. 말하자면 한국의 연극은 프로로서는 너무 서툴고 아마추어로서는 꽤 잘한다는 느낌이 없지 않다고나 할까. 이 점에서 높은 수준의 직업적인 연극을 보지 못한다는 것은 섭섭한 일이지만 연극이 생활 속에 뿌리를 내려가고 있다고 생각한다면 경하해야 할 일인지도 모른다.

연극이 예술이기 전에 '놀이'였다는 것은 이미 이야기한 바이지만, 그래서 우리의 지난날의 봉건사회는 연극적인 행동을 천시(賤視)했다. 흔히 우리나라에서는 '논다'는 말은 무위도식(無爲徒食)을 뜻하는 것처럼 여겨져 왔으나 놀지 않고 일만 하는 인생이나 사회는 얼마나 비참한가. 일의 효율을 올리기 위해서도 적당히 놀고 즐겨야 한다는 것은 하나의 상식이며 그 사회의 정신적인 정화를 위해서도 먹고 사는 것 못지않게 놀고 사는 재미를 알아야 하는 것은 물론이다.

지난날의 우리의 봉건적인 지배계급들은 스스로는 무위도식에 가까운 생활 속에 음흉하고 음탕한 외도를 일삼으면서도 또 젊은 층이나 서민층의 건강한 '놀이'는 천시해 왔다. 그러나 오늘날 여가를 즐김으로써 내일의 노동에의 의욕을 배양한다는 사고방식이 '레크리에이션(Recreation)'이라는 유행어를 만들고, 연극도 '노래부르기'나 '포크 댄스' 등과 더불어 그 중요한 프로그램

이 되어가고 있다.

아마추어 연극에서는 직업적인 연극과 마찬가지로 오랫동안 연습을 하는 경우도 있지만 '놀이'의 성격을 강조해서 즉흥적인 연극, 스탄트(stunt)의 형식을 취하는 경우도 있다.

스탄트의 원뜻은 재주 부리는 것을 의미하는데 일반적으로 여러 사람이 참여해서 만드는 짧은 즉흥극이라고 할 수 있다. 보통 세 사람 이상, 열 사람 정도를 한 그룹으로 해서, 미리 정해진 소재와 테마에 따라서 그룹 전원이 즉흥적으로 연극을 꾸미고 또한 전원이 배역을 맡음으로써 이루어진다. 물론 직업적인 극단에서 이러한 방법을 취한 적도 있었다.

17세기에서 18세기에 걸쳐 이탈리아에서 번창한 일종의 즉흥극이라 할 수 있는 '코메디아 델알테(Commedia dell arte)'는 배우가 미리 준비된 대본에 따르지 않고 무대에 나가서 그 자리에서 생각난 대사를 함으로써 관객을 웃긴 것이다. 대강의 줄거리만을 미리 정하고 대사는 무대에 나가서 생각해 내며 극을 진행시키고 구성해가는 것이다. 물론 '코메디아 델알테'가 직업적인 연극이라면 '스탄트'는 아마추어 연극 또는 리크리에이션이라 할 수 있는데 창조적인 요구를 뒷받침하여 집단으로 생각하고 집단으로 연기를 한다는 점에서 공통성을 지니고 있는 것이다. 스탄트 외에 연극적인 놀이로서 TV에서 흔히 하는 무언극(無言劇)은 상대방의 문장을 자기 편에서 알아맞히게 하는 것, 흉내내기, 말끝을 주고받아 대화를 주고받는 식의 여러 가지 놀이가 있을 수 있을 것이며, 이러한 놀이도 아마추어 연극의 일면이거나 그 밑거름이 될 수 있을 것이다. 모든 것이 균일화되어 가고 상상력이 천대받는 오늘의 사회에서 그것이 어떠한 형태의 것, 예술이건 '놀이'이건 간에 연극은 보다 소중한 것이 되어가고 있다. 우리는 어린 시절의 소꿉장난에서 경험한 천진난만한, 창조적인 기쁨을 때로는 되찾아 봐야 하는 것이다.

연극을 이루는 요소

1. 관   객

 벌써 오래된 이야기지만 파리 유학시절, 나는 꽤 열심히 연극을 구경하러 다녔다. 한 시즌에 40개 가까운 새로운 공연이 마련되니까 그것을 빠뜨리지 않고 다 본다는 것은 여간 진력이 나는 일이 아니다. 그러나 거의 빠뜨리지 않고 쫓아다닌 것은 워낙 구경을 좋아하는 탓도 있었겠지만, 연극 구경을 감으로써 여성들을 사귈 수 있었기 때문이었는지도 모른다.
 연극에의 초대, 이것은 나의 상투적인 여성 접근 방법이었고 파리의 여성들은 연극에의 초대라면 거절하지 않았다. 접근하고 싶은 여학생에게 영화를 보러 가지 않겠느냐고 말을 건네면 시험준비니 뭐니 핑계로 거절당하기 쉽지만 연극이나 오페라 구경에 초대하면 여간해서는 거절하는 법이 없다. 그만큼 파리 여성들이 연극에의 초대를 거절하지 않는 데는 몇 가지 이유가 있겠지만 우선, 여성들의 허영심에서 그 이유를 찾아볼 수 있을는지 모른다. 연극의 관람료가 영화의 배 정도는 비싸며, 영화관에 갈 때는 바지를 입고 샌들을 끌고 나오는 여학생들도 연극을 보러 갈 때는 어색할 정도로 성장(盛裝)을 하고 나온다. 사교계에 출입하는 여성이 아니면 극장에 간다는 것은 그들이 공개적으로 옷을 자랑할 수 있는 유일한 기회인 것이다.

그러나 이러한 허영심보다도 인생의 의미를 대사 속에서 음미하고 인생의 풍부한 체험을 간접적(間接的)으로 또는 직접적으로 얻으려는 가상할 만한 집착이 없는 것은 아니다. 프랑수아즈 사강은 인생의 의미를 묻는 기자에게 '음악도 두 번은 들어야 제대로 감상이 되는데 한번도 제대로 살지 못한 인생을 어떻게 논하겠느냐'고 발뺌을 했지만 연극을 한다는 것은, 또는 연극을 구경한다는 것은 결국은 한 번밖에 살지 못하는 인생을 되풀이해서 음미하려는, 그러니까 인생을 연장하려는 수작이 아니겠는가.

셰익스피어의 주인공 햄릿의 말대로 연극이 인생과 사회의 거울이라면 연극을 보러 간다는 것은 거울을 즐겨 들여다보는 여성들의 생리에 맞는다고 하겠다. 거울이 여인들에게 부분적인 화장에 도움이 된다면 연극이라는 거울은 전체적인 화장, 정신적인 화장을 도와주는지도 모른다. 이를테면 메카담의 보도를 사뿐사뿐 거니는 파리 여성들의 걸음이라든가 세련된 대화 등은 파리 여성들의 주요한 매력으로 이야기되지만 이러한 아름다움은 그녀들이 열성적인 연극팬이라는 데 연유한다고 말할 수도 있는 것이다. 세련된 대화술과 걸음걸이는 배우술의 기초인 동시에 여성들의 아름다움의 기초이기 때문에…….

 요즈음 한국의 젊은 여성들이 외형적으로 퍽 아름다워진 것은 사실이지만, 그렇다고 우리 여성들이 옛날에 비해서 더 아름다워진 것 같지는 않다. 얼굴의 이목이 뚜렷하고 몸매는 구등신(九等身)……, 이만하면 손색이 없다고 눈요기를 즐기고 있노라면 걸음걸이는 어느 패션쇼에서 모방한 듯 어쩐지 천박하고 입을 열면 어디서 들은 대사의 말투, 어떤 라디오 드라마의 흉내를 내는 것이다. '예술이 자연을 모방하는 것이 아니라 자연이 예술을 모방한다'는 오스카 와일드의 말이 현실화된 셈인데 어쩐지 김빠진 아름다움을 느끼게 되는 것이다.

 하다 보니 한국의 여성들이 좀더 아름다워지기 위해서는 연극을 봐야 한다는 식의 약간 아전인수격인 이야기가 되었는데, 그러자니 우리 연극의 수준과 극장의 조건으로 봐서 약간 억지가 없는 것은 아니다. 그러나 여전히 여성들의 지성미(知性美)와 관극(觀劇)이 밀접한 관련을 가지고 있다는 생각에는 변함이 없다.

 하기야 서울의 연극팬들의 대부분이 여성들인 것도 사실이다. 5천 명이 고정 관객이라고 추측되고 있다. 그러나 백만이 가까운 서울의 여성 인구 가운데 3천5백 명이란 너무나 적은 숫자가 아닌가? 일 년 열두 달을 두고 연극 하나 구경하지 않는 여성들의 생활은, 그녀들의 대화(對話)는 얼마나 무미건조한 것일까……. 이를테면 대통령 부인·총리 부인·대법관 부인·국회의원 부인·교수 부인들이 한 시즌에 연극 한 편 구경하지 않고 지낸다면 그녀들은 가장 즐거운 하나의 나들이를 포기하고 있는 셈이다.

계절이 오고 여러 극단이 공연을 서두를 때 여성들의 가슴도 어떤 기대에 부풀 수 있을 것이다. 처녀들은 지난 여름 또는 지난 겨울에 사귄 남자친구를, 그리고 부인들은 지치고 쪼들린 남편들을 관극으로 유인한다면 무엇인가가 무르익을 수도 있을 것이다.

2. 배 우

(1) 그들은 예술가인가?

연극을 구경갔을 때 제일 먼저 관객들의 화제가 되는 것은 연기자들의 이야기다. 누가 잘하고 누가 서툴고……. 그리하여 어떤 배우가 뛰어나게 잘했을 때 그들은 열광적인 박수를 보내기도 한다. 파리의 어느 극장에서 폴 클로델의 〈정오의 별리(別離)〉라는 작품에 출연한 에두위지 페이엘이라는 여배우는 열두 번의 커튼 콜에 응하는 것을 보았고, 로렌스 올리비에와 비비안 리가 파리에 왔을 때 셰익스피어의 〈타이터스 안드로니커스〉

라는 작품을 공연했는데 역시 열 번에 가까운 커튼 콜에 응해야 했다. 문자 그대로 그것은 광적이었고, 연극의 매력은 결국은 배우의 매력이라는 생각마저 들었다.

하여튼 연극의 공연조건과 관객이 받아들이는 조건을 검토해 본다면 연극의 허구한 요소 가운데 가장 강력한 것은 배우라는 것을 알 수 있다. 연극이라는 행위에 의미를 부여하는 것은 배우인 것이다. 그렇다면 연극의 핵심을 이루는 이 '배우'란 도대체 무엇인가? 배우란 한낱 광대에 지나지 않는가? 사실 그러한 의견이 없지 않다. 배우술이란 하나의 예체능에 지나지 않으며 배우란 단순한 악기(樂器)에 불과하다는 것이다.

프랑스의 19세기 작가 오크타브 밀보는 '배우란 클라리넷이나 플루트와 같은 것으로 숨을 불어넣지 않으면 소리를 내지 않는다'라고 말했는데, 이러한 극단적인 의견은 배우를 예술적인 의미에서 실격자(失格者)로 규정하고, 배우라는 살아 있는 현실의 표현수단이 갖는 깊은 의의(意義)를 왜곡시키려 든 것이 아닐까? 오크타브 밀보의 배우에 대한 이러한 험구에 이유가 없는 것은 아니다. 화가가 색채를, 음악가가 멜로디를 매개체로 해서 표현한다면 배우는 자기 자신의 육체를 재료로 해서 표현해야 되기 때문이다.

배우의 예술이 하나의 육체에서 출발한다면 하나의

육체에서 이론과 추상(抽象)을 만들어 내려는 자는 없을 것이다. 그러므로 배우예술이 무엇보다도 먼저 모방의 예술이라고 생각된 것은 당연한 일이다.

배우의 예술적 가치에 대해서 논란이 없지 않은 것은, 배우는 본질적으로 희곡에 종속하며 육체적인 속박을 받으며 또한 모방에 기초를 두고 있다는, 그러니까 배우에게 가해진 엄격한 제약(制約)에서 유래한다고 생각된다. 그러나 프랑스의 세계적인 배우 루이 주베는 이 제약이 있음으로써 배우는 참으로 예술적일 수 있다고 주장한다. 즉 허구의 제약에 영향을 받고 압박됨으로써 마치 불길이 솟아오르는 것처럼 등장인물이 무대에 솟아오른다는 것이다. 또한 배우는 자신의 의지의 심층에 잠들고 있는 잠재력의 해방을 추구하고 허구의 내면적 진실을 외면적으로 표현해야 한다.

그러나 배우가 예술가로서 인물의 객관적이고 구체적인 표현을 통해서 자기가 보고 상상하고 느낀 것을 표현하지 않으면 안 된다는 것은 언제나 저속해질 위험성을 내포하고 있다. 배우에 있어 제약이란 이러한 저속해질 가능성에의 방패이기도 한 것이다. 요즈음 한국의 젊은 배우들이 너무나 자유를 누리고 있는 느낌이라면 그들이 점점 저속해지기를 원하고 있다는 뜻이 아닐까……. 배우가 지나치게 자유를 원할 때 그들은 한낱 광대로 전락하게 마련인 것이다.

(2) 속세의 선교사(宣敎師)

배우에 대한 괄시는 오랫동안 뿌리를 박아 온 하나의 현상이다. 우리나라에서는 광대라 해서 천대했고 서양에서는 배우들을 사도(邪道)를 걷는 족속으로 취급해서 파문(破門)을 선고하기도 했다. 마치 사람들이 재판을 존중하고 사형집행인(死刑執行人)을 경멸하듯이 극작가를 추켜올리고 배우를 경멸하려 든다고나 할까……. 배우에 대한 이러한 비난과 경멸엔 여러 가지 이유가 있겠지만 우선 배우술이라는 것이 쉽고도 어려운 것이 되어서 얕잡아 보는 경향이 있기 때문인 것 같다.

흔히 극장에서 어떤 배우의 연기에 웃고 울고, 이를테면 감동을 한 관객도 내심으로는 '나도 하려고 들면 저만큼은 할 수 있다' 이렇게 생각하는 것이다. 사실 모든 인간은 다소 배우적 성격을 띠고 있으며 넓은 의미에 있어서는 인생이란 하나의 연극이요, 이 세계는 무대, 모든 인간은 거기에 등장했다 사라져 가는 배우가 아니겠는가.

그러나 배우에의 길은 그렇게 쉬운 것이 아니다. 이를테면 파리에는 국립 연극학교까지 포함해서 연기자 양성을 위한 학원이 2백 개가 넘으며 거기에 매년 지망

하는 학생수는 2만 명이 넘지만 매년 배우로서 각광을 받는 신인은 불과 서너 명에 불과하다. 우리나라에서도 배우가 된다는 것은 그렇게 쉬운 일이 아니다. 나에게도 때때로 연기에 자신이 있으니 무대에 서게 해달라고 청을 해오는 선남선녀가 있지만 대개의 경우 그들의 자신(自信)이 엉뚱한 만용에 불과한 것을 어쩌랴……. 배우란 자신을 끌로 파는 조각이요, 악기이자 연주자이거늘, 그들은 그 어느 것도 갖추고 있지 않은 것이다.

나는 다방이나 버스 안에서 젊은 남녀의 대화에 때때로 귀를 기울인다. 그러고는 쓴웃음을 짓는다. 어떤 천박한 라디오 드라마를 듣고 있는 느낌……, 사실 두 남녀는 흔히 라디오 드라마에서 흘러나오는 대사와 그 말투를 모방하여 그들의 청춘을 연기하고 있는 것이다. 오스카 와일드가 '예술이 인생을 모방하는 것이 아니라 인생이 예술을 모방한다'는 역설적인 말을 했지만 와일드의 그 말이 현실로서 나타난 것이다. 이처럼 인생이 드라마의 소재가 되는 것이 아니라 라디오나 텔레비전, 그리고 영화를 통해 대량 생산되는 드라마의 홍수에 휘말려 가는 요즘 모든 인간은 더욱 배우를 닮아가고 있는 것이 아닐까…….

흔히 배우를 두 개의 유형으로 구별한다. 하나는 어떤 하나의 종류의 역(役)밖에 못하는 연기인으로 다른 역을 할 때는 자기의 개성에 따라 그 역을 변형하는 연기인이고, 또 하나는 역에 따라 자기의 개성을 맞추어 들어가는 연기인이다. 프랑스의 유명한 배우 루이 주베는 전자를 '액터', 후자를 '코메디앙'으로 구별하고 있는데, 전자는 연기술보다도 자기의 개성을 내세우는 배우이고 후자는 개성보다도 연기술에 의지하는 배우인 것이다.

'액터'는 자기의 개성을 내세우고 자기 자신을 보다 폭로한다면 '코메디앙'은 자기 자신을 숨기고 두뇌적(頭腦的) 연기를 한다고 할까……. 이탈리아의 여배우 안나 마니야니, 프랑스의 장 가방 등이 전자에 속한다면 이탈리아의 여배우 쥬리에타 마시나, 프랑스의 여배우 아니 지랄도 등은 후자에 속한다고 할 것이다. 한국에서는 신영균(申榮均) 같은 배우가 전자에 속하고 문정숙(文貞淑) 같은 경우는 후자에 속한다고 말할 수 있을는지…….

물론 이러한 유형 속에 모든 배우가 정확히 구별되는 것은 아니고, 그들의 연기 스타일에 따라서 이러한 분류를 대체로 할 수 있다는 것뿐이고 이 두 개의 스타일을 잘 조화시킨 배우도 없지 않고 어떤 배우들은 이 두 개의 유형의 어느 것에도 속하지 않는 이른바 '스타'들인 경우도 없지 않을 것이다.

'배우란 시대의 축도, 간결한 연대기'라고 셰익스피어

의 주인공 햄릿은 말했지만, 배우가 그러한 기능을 지니기 위해서는 그가 사는 시대의 사회와 인생의 진지한 관찰자여야 하고 비록 연기(演技)가 순간에 존재하는 허무한 예술이라 할지라도 지치지 않고 순간순간의 연기를 창조해 나가야 할 것이다.

3. 연출가

연극에 있어서 연출가란 영화에 있어서의 감독, 오케스트라의 지휘자에 해당하는 것이라 하겠는데 결국 이러한 존재가 필요한 것은 연극이 희곡·연기·무대·미술·음악 등 여러 가지 요소에 의해서 이루어진 종합적 성격을 띤 예술이라는 데 원인이 있다. 여러 가지 요소로 이룩되는 연극은 필연적으로 그 여러 가지 요소 사이에 조화를 이루고 전체적인 통일을 추구하는 연출가가 필요하게 되었을 것이다.

그러나 이러한 직업적인 연출가가 나타난 것은 19세기에 들어서서의 일이고 그 이전에는 극단의 단장격인 연기자가 그러한 역할을 해왔다. 그러니까 연출가는 공연될 희곡을 무대에 알맞게 약간 정리하고, 무대장치·조명·효과·음악을 정착(定着)시키고 무대상의 움직임을 상상하고 배우의 움직이는 선(線)을 그으며 이러한 종합적인 플랜에 따라 연습을 리드해 나가는 것이 그의 역할이라고 일반적으로 이야기할 수 있다.

이를테면 배우와 연출가의 관계에 있어서도 배우들에게 암시를 해주는 데 그치는 게 이상적인데도 경우에 따라서는 연기를 해보여야 하는 경우도 생기며 그러한 구체적인 연기지도를 하고 연기자들에게 호령을 해야 신이 나는 연출가도 있고, 영국의 극작가 버나드 쇼처럼 배우의 출입을 정하고 출연하는 남녀 배우를 그 음성의 질에 따라 오케스트레이션이 가능하도록 배역하면 그것으로 연출가의 구실은 끝났다고 보는 사람도 있는 것이다.

결국 연출가란 추상적인 상태에 있는 희곡을 배우와 더불어 무대상에 구상화(具象化)하는 역할을 하는 것이며 이렇게 볼 때 희곡을 착실히 무대상에 재현하면 연출가의 의무는 끝난다고 할 수 있을 것이다. 그러나 배우의 예술이 연출가에 종속되지 않는 것처럼 연출가의 기능이나 예술이 극작에 종속되는 것은 아니다. 연출가가 강렬한 개성과 독창력을 지닐 때 극작가의 개성, 그리고 배우의 개성들과 충돌하는 것은 당연한 일이다.

희곡을 읽을 때의 감동과 그것이 무대에 공연되었을 때의 감동에 어떠한 질적인 차이가 있다면 그것은 상상의 세계가 시각화된 데서도 기인하겠지만 동시에 희곡에서는 도저히 표현되지 않았던 세부적인 디테일이 무대에서는 표현된 데 기인할 것이다. 따라서 연출가는 단순하게 문자화된 희곡을 무대에 재현하는 것이 아니라 희곡에서는 나타나지 않은 숨은 부분을 찾아내야 할 것이며 또한 추상적인 것을 구상적인 것으로 옮기는 데에 있어 그의 주관에 따른 해석을 해야 한다.

 이래서 같은 희곡이, 같은 인물이 연출가에 따라서 전혀 별개의 것이 될 수도 있다. 체호프가 그의 〈벚꽃 동산〉의 첫 독회에서 그가 원래 희극적인 작품으로 쓴 것을 비극적인 작품으로 해석하는 연출가 스타니슬라프스키와 배우들에게 화를 내고 집에 돌아갔다든가, 브레히트의 〈용감한 어머니〉의 어머니를 작가는 고발하는 의미에서 다루었는데 관객은 한결같이 동정을 한다든가, 또는 샤르트르의 〈공손한 창부〉가 희극으로 쓰여졌는데 흔히 무대에서는 비극으로 다루어지고 있다고 작가가 불만을 말한 것 같은 것은 극작가가 쓴 작품과 무대에 공연되는 작품이 연출가와 배우에 따라서 달라질 수 있다는 것을 단적으로 설명해 주고 있는 것이다. 요컨대 연출가들도 독창적인 예술가가 되기를 원하고, 연출가가 이러한 야심을 버리지 않는 한 극작가와 어느 정도의 마찰은 불가피한 것이다.

 20세기의 연극은 어느 의미에 있어서는 연출가의 시

대라고 말하는 사람이 있다. 스타니슬라프스키, 고든 크레이그, 자크 코포, 샤르 듀렝, 장 비라, 엘리어 카잔, 예류키노 비스콘티, 이러한 무대 연출의 거장들이 뛰어난 독창력을 지닌 예술가들이었을 뿐 아니라 20세기 연극의 방향을 사실상 결정했으며 일종의 전도사적인 정열을 가지고 연극운동을 전개했기 때문에 그렇게 말하는지 모른다. 그들은 예술가인 동시에 뛰어난 리더였던 것이다.

4. 소도구(小道具)

연극이란 하나의 예술적 장르임에 틀림없지만 동시에 하나의 예술적 장르라고만 볼 수 없는 종합예술의 성격을 띠고 있다.

문학적 요소인 희곡과 미술적 요소인 장치와 의상, 음악적 요소인 효과음악, 건축적 요소인 극장, 연극적 요소인 연기 등이 종합되고 혼연일치됨으로써 이룩되는 것이다. 그래서 흔히 연극이 하나의 장르가 아니라 문화적 전제의 성격을 띠게 되고 옛날에는 그 나라의 극장의 석주(石柱)의 크기와 수효로써 그 나라의 국력을 가늠하였다는 이야기도 나옴직하다.

하여튼 연극은 한 예술가 개인에 의해서 이룩되는 것

이 아니라 극작가·연기자·미술가·음악가·연출가·조명가·분장사·목수 등 많은 예술가와 기술자의 공동작업으로써 이룩되는 집단적 창조인 것이다.

이러한 공동의 작업에서 무엇보다도 중요한 것은 흔히 '앙상블이 잡혔다. 또는 안 잡혔다'로 표현되는 전체적 조화라고 할 것이다. 이질적(異質的)인 것이 하나의 무대에 뒤섞여 노출되거나 각 분야에서 지나친 우열(優劣)이 드러나도 곤란한 것이다. 그래서 흔히 좋은 연극은 협동정신과 자기를 억제할 줄 알아야만 이룩된다고 이야기되는 것이다.

소도구는 연극의 이러한 전체 속에 가장 하찮고, 작은 하나의 분야일지도 모른다. 연기자들이 들고 나오는 칼·권총·지팡이, 또는 식당 장면이면 접시·술·컵 또는 탁상시계·라디오 등 이러한 모든 것이 소도구라고 할 수 있다. 이 소도구에 대해서 대도구(大道具)라는 말이 있는데, 소도구가 문자 그대로 무대에서 사용되는 작은 도구를 가리킨다면 대도구는 세트의 일부로 간주될 수 있는 큰 도구를 가리킨다.

그러나 이 소도구와 대도구의 한계가 모호한 경우도 있다. 이를테면 무대에 세워진 나무는 대도구인데 그 가지를 배우가 끊어서 손에 든다면 그것은 소도구이며 의자나 책상은 대체로 대도구라 볼 수 있는데 그 중에

한 의자를 배우가 들어서 휘두른다든가 집어던지는 식으로 연기의 직접적인 재료가 될 때는 소도구라고 할 수도 있다는 것이다.

그러니까 대체로 배우가 손에 들고 연기를 하는 데 사용되는 도구를 소도구라고 할 수 있으나 반드시 그렇지 않은 경우도 있다. 이를테면 실외(室外) 장면에서는 무대에 고정되지 않은 것은 전부 소도구로 취급하므로 수레가마와 같이 부피가 큰 것도 소도구가 되는 것이다. 이 소도구를 다시 구별하면 이미 무대에 나와 있는 도구와 연기자가 들고 들어오는 도구로 구별할 수 있을 것이며, 전자는 무대에 이미 나와 있는 가구류(家具類)나 장식품을 가리키며 후자는 배우가 몸에 지니는 것으로 모자·신발까지 포함해서 이야기한다.

제작면에서 본다면 기성품(旣成品)을 구입하는 경우와 소도구사(小道具師)가 직접 제작하는 경우로 나눌 수 있는데 소도구사가 만드는 것이 원칙이라고 할 것이다. 왜냐하면 소도구라 할지라도 무대의 세트와 조화되고 연기자에게 어울려야 하기 때문이다. 상징적(象徵的)인 세트, 형식화(形式化)된 세트에는 거기에 알맞는 소도구가 준비되어야 하지 않겠는가. 외국에서는 이 소도구 제작도 기업화돼서 각 분야에 걸친 전문적인 소도구 제작자들이 있으나 우리나라에서는 한 사람의 소도구 담당자가 이것저것 꾸려 맞춰서 해나가는 형편이다. 그래서 공연 당일 이 소도구로 해서 혼란을 빚어내는 경우도 없지 않다.

내가 연출했던 〈따라지의 향연〉이란 작품에서 최불암(崔佛岩)씨가 주머니에 넣고 있어야 할 조그마한 종(鍾)을 잊어버리고 무대에 나갔다. 이 종을 울려야 시중을 드는 꼬마가 등장하기로 되어 있는데 그것을 잊고 등장했으니 당황할 수밖에……. 그러나 최불암씨는 "이크 종을 잊었구나. 내 종을 가져오너라" 하고 즉흥적으로 외쳤고 하녀가 등장해서 종을 갖다 주고 나감으로써 위기를 모면한 것이다.

이처럼 가지고 나가야 할 소도구를 잊고 등장하거나 있어야 할 자리에 없음으로써 예기치 않은 혼란을 빚을 수도 있지만 권총이나 기관총의 경우 효과음과 맞지 않아 관객의 실소(失笑)를 자아내게 하는 경우도 비일비재라 하겠다. 그러나 이러한 실수도 연극의 매력의 하나가 아니겠는가.

소도구는 이처럼 연기자를 돕는 연극의 중요한 하나의 요소라고 하겠는데, 경우에 따라서는 이 소도구가 단순한 도구가 아닌 하나의 등장인물과 같은 성격을 띠는 경우도 있다 히치코크 스타일의 추리극(推理劇)에서는 권총·술잔·안경·거울·술병 등이 등장인물보다도 더 중요한 극적인 의미를 갖는 수가 있으며 전위적(前衛的)인 연극에서는 상징적인 의미를 가지고 등장하는 수도 있다. 이런 경우, 관객들이 별로 신경을 쓰지 않는 소도구가 연극의 핵심이 될 수도 있는 것이다.

5. 조명(照明)

 무대조명도 연극의 다른 구성요소(構成要素), 즉 희곡·연출·연기·장치 등과 마찬가지로 연극을 구성하는 중요한 요소이다. 물론 인공적(人工的)인 광선(光線)이 아닌 자연의 빛만 가지고도 연극은 성립될 수 있으며 16세기에 이르기까지 연극은 언제나 환한 낮에만 공연되었다. 그 시대에는 촛불이나 횃불은 밤을 암시하는 소도구(小道具)로 쓰였다고 할까. 가스 라이터가 최초로 연극에 사용된 것은 1803년 런던의 한 극장에서였으며 전기가 무대에 첫선을 보인 것은 1846년 파리의 오페라 극장에서였다고 한다.

 그러나 오늘날과 같은 조명 시스템이 어느 정도 무대 위에 이루어진 것은 1881년경이었다고 하며, 이 무렵 독일의 유명한 연출가 아돌프 아피아에 의해서 조명의 중요성이 강조되고 그가 연출하는 무대에 실제로 중요한 요소로서 등장했다. 그후 조명 시스템은 급속히 발전했으며 연극의 분위기나 흐름을 조성하는 데 결정적인 요소로 인식되어가고 있다.

그러나 조명 그 자체가 하나의 독립된 예술이라고는 볼 수 없고 연극을 구성하고 있는 타 요소와 유기적(有機的)으로 관련해서 연극의 일부를 이루었을 때 비로소 평가될 수 있고 그 예술성이 발휘될 수 있을 것이다. 그러므로 의상이나 장치 또는 소도구 담당자와 마찬가지로 희곡이 요구하는 것과 연출의 의도를 충분히 이해함으로써 조명가의 작업은 효율적으로 이루어질 수 있을 것이다.

불행히도 한국의 연극에서는 이러한 상호협조가 충분히 이루어져 있다고 볼 수 없으며, 그리하여 장치·의상·분장·조명 등 시각적 요소들이 서로 상충(相衝)되어 조화를 이루지 못하는 경우가 허다하다고 할까……. 이러한 경향은 연극인들의 안이한 적당주의에도 원인이 있겠지만 대부분의 극단이 자기의 극장을 가지지 못하고 그로 인해 무대연습(舞臺練習)을 한두 번밖에 못하는 데 보다 큰 원인이 있다고 하겠다.

하여튼 20세기에 접어들면서 조명은 연극예술에 있어 점차 큰 비중을 차지해 가고 있는 것이 사실이며, 우리 연극이 조명을 소홀히 하는 것은 기술적인 면을 경시하는 아마추어적 성격에 기인한다고 볼 수 있을지도 모른다.

우선 조명은 무대에서 일어나는 일을 관객에게 분명하게 보여 주어야 할 것이다. 분명하게 보여 준다는 것은 무대조명의 기본적인 조건이라고 하겠으며, 단순히 보여 주는데도 적어도 조명도(照明度), 음영(陰影), 색채, 빛의 방향, 빛의 배분(配分) 등 다섯 가지의 기본적인 요소를 생각해야 할 것이다.

'조명도'는 무대를 얼마만큼 환하게 하느냐의 문제이다. '음영'은 사물에 입체감을 주고 명암의 계층을 적절히 한다. 음영은 조명기구의 위치, 광원(光源)의 크기에 의해서 결정된다. 무대조명의 '색채'는 일반적으로 젤라틴페이퍼를 사용해서 얻어지는 것인데 우리의 감각에 커다란 영향력을 가지고 있다. 이를테면 푸른 빛 계통의 빛깔은 냉정하고 싸늘한 인상을 주며 반대로 붉은 빛 계통의 빛깔은 따스한 기분을 준다. '빛의 방향'은 계절·시간 등을 표현하는 데 중요한 구실을 할 뿐만 아니라 얼굴의 표정에도 그 방향에 따라 다른 의미의 심리적인 표현을 해주기도 한다. '빛의 배분'은 밝은 장소, 어두운 장소 등 빛을 어떻게 적절히 배분하느냐의 문제이다.

이러한 다섯 가지 요소를 고려해서 무대의 조명을 다룬다면 분명히 보인다는 기본적 조건과 같이 환경(環境), 심리적(心理的)인 표현도 어느 정도 충족될 수 있다고 할까. 결국 이 다섯 요소가 집적(集積)되고 융합됨으로써 관객의 지각(知覺)에 시각현상(視覺現象)으로서 나타나는 것인데, 다만 각 요소가 단순히 집적되고 총화(總和)되어 구성되는 것이 아니라 연극이 요구하는 특정의 주제에 따라 변화해야 하는 것은 물론이다.

연극에서 일반적으로 쓰여지는 조명기구로는 보더라이트(Border light), 푸트라이트(Foot light), 호리존트라이트(Horizont light), 서스펜션라이트(Suspention light), 스포트라이트(Spot light), 스트립라이트(Strip light), 이펙트머신(Effect machine) 등을 들 수 있다.

보더라이트는 가장 기본적이며 보편적인 조명기구이다. 보더라이트는 대체로 프로시니엄 아치(관람석에서 보이는 무대 부분)의 길이와 같은 길이로 세 개나 네 개가 가설되어 있는 것이 보통이다. 보더라이트의 사명은 무대면에 수직 균등(垂直均等)의 조명도를 주는 데 있다.

푸트라이트는 무대 가장 전면(前面)의 마루 위에 가설하는 것으로 보더라이트와 더불어 가장 보편적인 조명기구이나, 무대와 객석에 너무나 뚜렷한 경계선을 긋는다고 해서 연극인들간에 배척하는 경향이 있다.

호리존트라이트는 주로 하늘의 효과를 내기 위해 만

들어진 호리존트를 비추는 라이트로 호리존트의 상부(上部)와 하부에 가설된다. 호리존트는 사이클로라마(cyclorama)라고도 한다.

서스펜션라이트는 상부에서 투광(投光)되는 기구이다. 이 기구는 낮을 나타내는 무대에서 보더라이트와 더불어 연기면(演技面)을 밝게 하고 배우·장치·소도구 등에서 입체적인 효과를 주며, 밤을 나타내는 무대의 경우 전등과 촛불 등을 켰을 때 상부에서의 보조광선(補助光線)이 된다.

스포트라이트는 볼록렌즈를 써서 빛을 집광(集光)하여 한 국부(局部)만을 조명하거나, 또는 타 부분에 비해서 환하게 강조하는 데 쓰인다. 스포트라이트는 광원의 종류에 따라 '아크(Arc) 스포트'와 '전구 스포트'로 구분된다.

스트립라이트는 푸트라이트와 비슷한 기구로 무대장치에 입체감과 음영을 주는 데 필요한 기구이다.

이펙트 머신은 환등장치(幻燈裝置)를 사용해서 구름·눈·비·불길·파도 등을 무대에 나타내는 장치이다.

이러한 조명기구를 어느 정도 갖춘 극장은 우리의 경우 얼마 안 되며, 조명기구의 미비는 우리의 무대에 많은 제약(制約)을 주고 있지만 단순히 환하게 비춘다는 단계를 넘어서 무대를 아름답게 하고 관객의 주의를 집중시키며 분위기를 조성하는 환경과 심리적 묘사에 조명이 차지하는 중요성이 점차 인식되어 가고 있는 것도 사실이다.

그래서 73년 10월에 준공된 장충단의 국립극장은 극장의 크기에서부터 시설의 규모가 비교적 고루 갖춰져 있어 활발한 이용이 기대된다고 하겠다.

6. 극장과 무대장치

극장은 연극적 체험의 핵심을 이룬다. 어떠한 형태의 극장이건 극장이 없는 연극은 성립될 수 없다. 극단적으로 말하면 연극은 배우와 극장, 그리고 관객만 있으면 성립될 수 있는 것이다. 또한 극장의 형태는 연극의 형식과 성격을 규정짓는다고 해도 과언이 아니다. 희랍비극의 웅장한 아름다움은 희랍 야외극장의 단순하면서도 엄숙한 구조와 밀접한 관계가 있으며 셰익스피어의 연극은 엘리자베스 여왕 시대의 극장 형태와, 그리고 체호프와 입센의 연극은 19세기 말의 프로시니엄 아치를 통한 무대미학과 떼어서 생각할 수 없는 것이다.

하여튼 극장의 형태는 연극 미학면에서도 퍽 중요하지만 건축면에서도 가장 흥미있는 것으로 극장의 형태, 건축양식만을 연구한 논문으로 박사학위를 얻은 학자들이 수없이 있다. 최근 미국·유럽·일본 등지에서는 많은 새로운 극장들이 건축되고 있으며 청각면에서나 시각면에서의 배려도 커다란 성과를 거두고 있다. 극장은 무대의 형태에 따라 첫째로 규정된다고 볼 수 있는데 무대는 프로시니엄 스테이지(우리 명동의 예술극장 같은 종래의 무대), 트러스트 스테이지(돌출무대를 의미하며 남산에 있는 드라마센터의 무대는 이 트러스트 스테이지와 프로시니엄 스테이지를 혼합한 것이라고 할까.) 그리고 원형무대(圓形舞臺) 등으로 분류할 수 있을 것이다. 원형무대로는 워싱턴의 '아레나 극장', 파리의 '원형극장'의 무대가 유명하며 트러스트 스테이지의 성공한 예로는 미국 미네아폴리스의 '타이론가스리 극장'을 들 수 있을 것이다. 최근 원형무대나 돌출무대에의 관심이 높아진 것은 프로시니엄 무대가 배우와 관객과의 접촉을 완전히 단절하고 관객을 단순한 구경꾼으로 만든다는 결점을 시정하기 위한 것으로 볼 수 있을 것이다.

무대장치는 극장의 형태에 따라 달라진다. 이를테면 프로시니엄 스테이지에서 중요한 구실을 한 배경화(背景畵)는 원형무대나 트러스트 스테이지에서는 아무런 구실을 할 수 없다. 특히 원형무대에서는 관객의 시선을 배려하여 이른바 무대장치는 거의 없는 것이 상례이며, 의자나 책상의 배치 등이 무대장치를 대신하는 경우가 많다.

희랍극에서도 무대장치란 따로 없고 극장의 건축 자체가 무대장치를 대신했다고 할 수 있겠는데, 16세기에 들어와서 배경화가 무대장치를 의미하게 되었다. 원근법을 강조한 배경화가 관객들을 상상의 세계로 인도하는 데 도움을 준 것이다. 우리나라에서도 서구 연극이 소개되면서 20세기 초에 배경화가 등장하여 이미 작고 하신 원우전(元雨田)옹의 배경화는 일품이었다고 한다.

이러한 배경화가 위주였던 무대장치는 19세기 말 자연주의(自然主義)와 사실주의(寫實主義)가 연극계를 휩쓸면서 사실적인 무대장치로 옮겨간다. 그러나 아돌프 아피아, 고든 크레이그 같은 연출가들은 사실주의의 포로가 된 무대장치에 반기를 들고 반사실주의적(反寫實主義的) 무대를 제창하고 극적인 효과를 강조하는 데 무대장치의 역할을 두려고 했다. 그리하여 오늘날 이러한 반사실주의적 무대는 형식주의적 무대, 추상적 무대, 부분적 무대 등 무대장치에 있어 여러 가지 경향을 낳고 있다.

이러한 여러 가지 경향은 그들의 무대 미학적 요구에 따른 것도 있지만 사실주의 무대가 너무 커다란 금전적 부담을 공연에 안겨 주므로 그러한 금전적 구속에서 벗어나려는 의도의 결과인 경우도 없지 않다. 하여튼 무대장치는 조명과 더불어 연극의 시각적 창조의 가장 중요한 요소이며 구미(歐美) 각 나라에서는 뛰어난 미술가들이 무대장치에 직접 참여하는 일도 적지 않다. 프랑스에서 피카소의 무대장치는 너무나 유명했으며, 베르날 뷰페 같은 화가도 무대장치에 손을 대고 있다.

우리나라에서는 아직도 이 분야의 작업이 세계적인 수준에서 볼 때 많이 뒤떨어진다 하겠으며 이 점에 있어서 한국의 연극계는 미술인들의 협조를 기다리고 있다고 하겠다.

왜 그런가 하면 미술적인 소질이 있다고 해서 희곡, 나아가서 연극을 이해한다고 보기는 어려우며, 간판그림처럼 무미건조한 사실화보다는 간명하면서도 참신한 구도의 무대장치가 훨씬 연극을 살릴 수 있는 경우가 많기 때문이다. 무대장치는 하나의 묘사가 아니라 창조인 것이다.

7. 의상과 분장

의상과 분장은 연극의 시초부터 중요시되어 왔다. 이를테면 무대장치는 거의 무시했던 희랍극에 있어서도 의상과 분장은 배우들의 중요한 관심사였다.

우선 의상과 분장은 배우의 역의 창조와 밀접한 관계

를 가지고 있는 것으로, 적어도 연령·성격·시대 등 세 가지의 배려는 의상과 분장에 있어 불가분의 것이다. 흔히 아마추어 연극에 있어 의상은 지극히 소홀히 되고 가능하면 새로 만들지 않고 비슷한 옷을 빌려 입는 것이 관례이지만 시각적인 면에서나 배우의 연기술 면에 있어서나 지극히 중요한 요소이다. 연령이나 성격 또는 시대를 표현함으로써 배우의 역의 창조를 도와야 하지만 동시에 연기자의 연기에 거추장스러워도 안 될 것이다. 좋은 무대의상이란 배우에게 연기를 하고 움직이는 데 방해가 되지 않고, 표현하려는 역의 인간성과 성격을 나타내 주며, 동시에 무대 위의 다른 인물과 대조적이어야 할 것이다. 아무리 좋은 의상이라도 전체적인 흐름에 어울려야지 혼자만 유별나게 입어도 우스울 것이다. 또한 그 의상을 입는 배우의 개성, 육체적인 조건도 생각해야 하는 것은 물론이다.

분장도 의상과 마찬가지로 역의 창조에 결정적인 역할을 한다. 가면(假面)이 고대(古代) 연극이나 민속극 등에서 핵심적인 역할을 하듯이 얼굴의 화장도 중요한 의미를 갖는다. 그러므로 얼굴의 화장은 연기술의 중요한 일부라고 볼 수 있는데도 우리 연극의 경우 대부분의 연기자들이 스스로 분장을 하지 않고 분장사들에게 일임함으로써 지극히 틀에 박힌 분장을 그대로 받아들이고 있다. 여러 사람의 분장을 해주어야 하는 분장사는 역에 대한 충분한 연구도 없이 연령, 악역(惡役) 또는 주연식으로 피상적인 분류를 해서 서슴지 않고 분장을 한다. 이러한 무책임한 방임(放任)이 예술적인 창조가 될 수는 없다. 연기자 자신이 충분히 연구해서 분장을 하든가 아니면 분장사의 도움을 받으며 스스로 해야 한다. 분장을 한다는 것은 그림을 그리는 것과 퍽 유사한 점이 있다. 그러므로 기초적인 데생 실력은 분장의 기초가 된다고 하겠으며 따라서 미술적인 감각을 발전시키도록 노력을 해야 한다. 분장은 의상과 마찬가지로 역의 창조를, 그 성격적 표현을 도울 뿐만 아니라 연기자에게 심리적인 도움을 주는 것도 그 효능의 하나이다. 분장은 연기자에게 일종의 자신을 불어넣어 주며 경우에 따라서는 그 분장된 가면의 뒤에 숨음으로써 연기가 대담해질 수도 있다. 평상시의 얼굴로는 거북해서 도저히 할 수 없는 말, 도저히 할 수 없는 행동을 무대 위에서 분장과 연극적 의상 뒤에 숨어서 용감히 해낼 수 있다고나 할까.

연극에서의 의상과 분장, 그것은 연극행위에 따른 구차스런 하나의 절차로 생각될 수도 있겠지만, 실은 연극의 마술적(魔術的) 힘의 중요한 원천이기도 하다.

희곡 문학

1. 희곡의 본질

희곡의 올바른 감상을 위해서는 우선 희곡이란 무엇이냐 하는, 즉 희곡이라는 예술형식 자체에 대한 올바른 인식이 있어야 할 것이다. 실상 음악·미술·시·소설 등 모든 예술의 궁극(窮極)의 목적은 동일하다고 하겠으나 그것들이 구별되는 것은 그 형식과 표현수단의 차이에 의한 것이라고 하겠다.

우선 희곡 자체만을 고찰할 때 그 표현수단이 언어와 문자라는 점에서 문학의 부문에 속하는 예술이라 하겠으나 희곡이 단순히 읽히기 위해서 쓰여지는 것이 아니라, 시각(視覺) 및 청각(聽覺)에 호소하는 무대공연을 목표로 하여 쓰여진다는 것을 생각한다면 문학과는 완전히 구별되는, 연극이라는 독립된 예술분야에 희곡이 속한다는 것을 쉽게 이해할 수 있을 것이다. 그러므로 희곡은 연극에 있어 악보(樂譜)와 같은 역할을 한다. 마치 음악에 있어 작곡가의 진가(眞價)가 훌륭한 연주자에 의해서 비로소 알려지는 것과 같이 희곡작가의 진가도 연출자 및 연기자에 의해서 비로소 알려지는 것이다.

따라서 한 작품이 어떻게 이해되는가 하는 문제는 작품 자체에도 영향을 끼치게 될 것이다. 다음에 희곡에서 우리가 찾아볼 수 있는 특성으로는 대립 및 갈등(葛

藤)을 무엇보다도 그 소재(素材)로 한다는 점이다. 물론 이러한 대립이 이루어지는 배경 또는 환경도 무시할 수는 없으나 희곡의 중요한 소재는 여러 가지 대립 문제(對立問題)라 할 수 있을 것이다.

희랍비극(希臘悲劇)에 있어서는 인간과 신의 대립을, 몰리에르의 희극에 이르러서는 인간 성격의 대립을, 현대에 이르러서는 이해관계에 따른 인간의 대립, 애정관계에 따른 대립, 인간과 사회제도의 대립, 심지어는 인간의 조건 자체에 대한 인간의 대립 등을 그 주요한 소재로서 다루고 있는 것이다. 한편 연극의 가장 중요한 요소의 하나인 연기가 인생의 직접적인 모방에서 출발한다는 것을 생각할 때 희곡 역시 지극히 모방적인 성격을 띠고 있다는 것을 수긍하게 될 것이다.

모든 예술이 실 인생(實人生)을 기반으로 하여 이루어진다고 하겠으나 희곡은 다른 예술에 비해서 유난히 재창조적(再創造的)인 예술이라고 하겠다. 물론 실 인생과는 거리가 먼 몽환적(夢幻的) 요소를 셰익스피어극 같은 데에서도 흔히 볼 수 있으며, 새로운 것을 시도하는 전위극에 있어서는 순수한 창조, 즉 인생의 창조를 주장하고 있으나 이러한 경향은 어디까지나 예외적(例外的)인 경우라고 하겠다.

2. 주제 및 작품의 시대적 배경

 인간이란 생각하는 존재이므로 자연히 여러 가지 문제가 제기된다. 즉, 본능적인 문제 외에 윤리(倫理), 사회(社會), 철학적(哲學的)인 여러 가지 과제와 인간은 대결하여야 하는 것이다. 따라서 희곡작가도 그의 작품 속에서 그가 가장 매력을 느끼는, 또는 그로 인해서 가장 괴로워하는 어떤 문제를 해결 또는 제시하려고 든다.
 따라서 우리는 하나의 희곡을 읽을 때 그 작품의 주제가 무엇인가를 먼저 따져보아야 할 것이다. 그 중에는 소재만을 나열시킨 작품도 없지 않겠으나 그러한 작품이 독자들에게 커다란 감동을 주고 공명을 일으키지는 못할 것이다. 또한 우리는 작품이 쓰인 연대를 고려함으로써 그 시대적인 배경을 검토해야 할 것이다.
 이러한 시대적 배경을 고려할 때 그 주제가 가지는 의의도 자연히 달라질 것이다. 예를 들자면 여인의 수절(守節)이라는 주제가 갖는 오늘날의 의미와 백 년 전에 가졌던 의미와는 약간의 차이가 있을 것이다. 따라서 옛날 작품을 대할 때 우리는 현대적인 해석을 할 수 있을 것이다. 그러나 동시에 그 작품이 쓰인 시대적인 배경을 고려해서 그 작품이 가졌던 원래의 의미를 파악하는 데 대한 노력도 소홀히 해서는 안 될 것이다.

3. 희곡의 분류

하나의 예술형식 속에 다시 어떠한 종별(種別)을 둔다는 것은 그릇된 일인지도 모르나 희곡이 가지고 있는 주된 경향에 따라 분류를 한다는 것은 작품의 이해에 도움이 될 것이다. 우리는 흔히 희곡작가의 목적, 태도, 또 소재를 어떻게 취급했는가에 따라 희곡을 분류한다.

첫째로 작자의 목적에 따른 분류로, 분명한 사회적 또는 정치적 목적의식을 가지고 쓰여진 작품을 타율적(他律的)인 희곡이라고 한다. 즉, 작자는 희곡을 통해서 설득(說得), 논증(論證) 또는 교육 같은 것을 시도한 것으로, 예컨대 셰익스피어의 〈베니스의 상인〉, 입센의 〈인형의 집〉 등을 들 수 있으며, 〈흥부와 놀부〉·〈심청전〉 같은 권선징악극도 이 부류에 속한다.

이와 반대되는 것으로 자율적인 희곡을 들 수 있는데, 간단히 말해서 이는 모든 목적의식을 배제하고 연극예술이 가지고 있는 성격에 오로지 충실하려는 희곡이다. 몰리에르의 〈십이야(十二夜)〉 같은 희곡은 이 부류에 속한다고 하겠다. 또 타율적인 작품에선 흔히 예술성이 결핍되기 쉬우며, 반대로 자율적인 작품에선 흔히 내용 및 사상성(思想性)의 결핍을 엿보게 된다.

둘째로 우리는 작자의 그 소재에 대한 태도로써 희곡

을 분류할 수 있을 것이다. 즉, 작자의 이 소재에 대한 태도가 심각하다든가 경(輕)하다든가 신랄, 조소, 또는 풍자적(諷刺的)이라든가 하는 차이에서 쓰여지는 희곡도 그 성격을 규정받게 되는 것이다. 비극 드라마(통속적인 비극), 멜로 드라마 등은 심각한 태도에서 이루어지는 것이라 할 것이다.

물론 희극적인 요소와 비극적인 요소가 혼합, 또는 변형된 소위 희비극도 적지 않다. 다음으로 우리는 소재를 취급하는 방식에 따라 분류할 수 있겠는데, 하나는 집중적 또는 내포적(內包的)인 것이요, 그 반대되는 것은 산만적 또는 외연적(外延的)인 것이라 하겠다. 대개의 희랍비극, 17세기의 고전극은 전자에 속하는 희곡이라 할 수 있으며, 낭만파의 희곡이나 현대의 사극(史劇) 중에 후자에 속하는 작품이 많다 하겠다.

이처럼 우리는 희곡을 여러 가지로 분류할 수 있다. 작품의 올바른 이해와 그 작품이 가진 정확한 위치를 파악하는 데 이러한 분류는 적지않은 도움이 될 것이다.

또한 희곡을 여러 번 읽다 보면 자연히 비극 혹은 희극을 분류할 수 있게 되고, 자기가 즐겨 읽고 공연을 보고자 기다리게 되는 데까지 이르게 되는 것이다.

4. 구성(플롯)

　구성(Plot)이란 연극의 시작에서 종말에 이르는 사건의 선택·배치·진전 등을 포함한 형태를 말한다. 따라서 똑같은 주제를 다루는 작품이더라도 그 구성은 전혀 다를 수 있다. 그러한 구성의 종류를 대별한다면 단순·복잡·복합 등 세 개의 구성을 들 수 있을 것이다.

　단순 구성이란 관객이 예기한 바에서 과히 벗어남이 없이 어떠한 시작으로부터 논리적인 발전을 하여 예측된 결말로 끌어가는 그러한 구성을 말한다. 예를 들자면 아이스킬로스의 〈쇠사슬에 묶인 프로메테우스〉, 줄 로멩의 〈크녹크 박사〉 등은 이러한 구성의 작품이라 하겠다.

　복잡 구성은 사건의 발전과정에 뜻밖의 변동이 일어남으로써 예기치 않은 결말에 이르는 경우를 말한다. 셰익스피어의 〈베니스의 상인〉, 고골리의 〈검찰관〉, 몰리에르의 〈따르뛰프〉 등은 이러한 구성을 가진 희곡이라고 하겠다.

　복합 구성은 그 이름이 가리키는 것처럼 몇 개의 구성이 복합되어 전체적인 조화를 이루는 구성을 말한다. 이 복합 구성이 단순 구성이나 복잡 구성과 구별되는 것은 오로지 그 구성의 다양성에 있다. 예를 들자면 복합 구성은 두 개의 단순 구성의 결합일 수도 있고, 두 개의 복잡 구성의 결합일 수도 있으며, 때로는 전자와 후자의 결합일 수도 있다.

셰익스피어의 〈겨울 이야기〉나 〈템페스트〉, 맥스웰 앤더슨의 〈로렌의 장〉 등은 이러한 구성으로 성공한 작품이라 하겠다. 결국 희곡의 감상에 있어 그 작품이 가진 경향·주제 등을 고찰하는 것도 중요한 일이지만 그 작품의 구성에 대한 고찰 또한 소홀히 해서는 안 될 것이다.

5. 인물과 성격

나는 희곡이란 결국 대립관계를 다루는 예술이라고 말했다. 그러나 등장인물들이 일률적으로 똑같은 성격을 지니고 있다면 아무런 대립관계도 성립되지 않을 것이다. 또 비록 어떠한 대립관계가 작자에 의해서 설정되었다 할지라도 인물들의 성격이 뚜렷이 그려지지 않으면 피상적인 것이 되고 말 것이다.

희곡의 뼈대를 이룬다고 볼 수 있는 대립관계, 그 결말 등 모든 것은 등장인물의 성격과 인과관계를 맺고 있는 것이다. 즉, 모든 비극 내지 희곡은 이 성격들이 빚어내는 결과인 것이다. 성격은 이러한 점에서 때로 숙명의 변신일 수도 있으며, 성격의 창조는 희곡작가에게 가장 중요한 과제라고 할 수 있을 것이다. 따라서 우리는 하나의 희곡을 감상함에 있어 등장인물들의 성격 분석을 하고 또 그러한 성격이 작자에 의해서 어떻게 창조되었는가를 고찰하여야 할 것이다.

6. 언어와 사상(思想)

희곡의 언어가 소설이나 시의 언어와 구별되는 것은 소설이나 시의 언어가 시각에 호소하는 읽히기 위한 언어라면 희곡의 언어는 청각에 호소하는 언어라는 점에서일 것이다. 즉, 희곡의 언어는 연기자의 소리가 갖는 능력의 한도와 청중을 고려하여 쓰여져야 하는 것이다.

희곡에 쓰이는 언어를 그 성격상으로 구별한다면 시적 언어(詩的言語)와 산문적 언어(散文的言語)로 구별할 수 있다. 시적 언어란 19세기 초에 이르는 대부분의 희곡에서 쓰여진 것으로 리듬과 억양을 중요시하고 영상(映像)을 청중에게 효과적으로 전달하려는 언어를 말한다. 아리스토텔레스가 비극의 언어를 말함에 있어 '평범하지 않으면서 분명해야 한다'고 말한 것은 이러한 시적 언어를 잘 설명하고 있다 하겠다. 산문적 언어는 일상생활의 언어를 그대로 모방한 것을 말한다.

한편 희곡의 언어를 그 형태에 따라 구분한다면 대화·독백·설명 등을 들 수 있다. 희곡의 감상에 있어 이 언어의 고찰도 역시 중요한 대상이라 하겠다.

첫째 그 이유로서 작품의 사상성이 언어를 통해서 표현된다는 것과 대화의 묘미를 이해함으로써 우리는 비로소 그 대립관계의 섬세한 이면을 이해할 수 있을 것이다. 한편 사상성은 직접적으로는 언어를 통해서 표현되나 동시에 그 구성, 성격 등에 의해서 표현되는 것이다. 이 사상성이야말로 작품의 가치를 결정하는 가장 중요한 요소라 하겠다.

장 지로두의 〈암피트리용〉은 지로두에 의하면 암피트리용의 전설을 다룬 서른여덟 번째의 작품이라고 한다. 결국은 똑같은 전설을 가지고 각기 다른 작품을 만들 수 있는 것은 그 사상에 차이가 있기 때문이라 하겠다.

결국 나는 하나의 희곡을 감상하는 데 있어 그 기초적인 준비로서 연극의 본질에 대한 이해를 가지고 있으면 퍽 도움이 되리라 생각하며 작품을 직접 대함에 있어서는, 첫째로 그 희곡의 주제와 작품이 쓰여진 시대적 배경을 생각해야 할 것이며, 둘째 그 작품이 어떠한 경향을 띤 작품인가를 다른 작품과 비교, 연구하여야 하며, 마지막으로 작가 자신에 대한 연구와 결부시켜 작품이 지닌 사상성을 검토함으로써 작품의 의의를 종합적으로 연구해 봤으면 한다. 이러한 것이 올바른 희곡 감상의 태도가 아닌가 하고 생각하는 것이다. 그러면 실제 작품들을 가지고 감상의 예를 들어 보겠다.

(1) 〈오이디푸스 왕〉

〈오이디푸스 왕〉은 소포클레스(기원전 495~406)의 작품이다. 줄거리는, 아들 오이디푸스 왕이 보이지 않는 운명의 힘에 의해서 아버지를 죽이고 어머니를 아내로 삼는 동시에 결국은 자기와 형제간인 두 딸을 낳고, 그 사실을 알게 되자 어머니는 목을 졸라 자살하고 오이디푸스 왕은 자기 손으로 두 눈을 멀게 하여 정처없는 방랑의 길을 떠난다는 이른바 비극 중의 비극이다.

이 작품을 대할 때 우리는 희랍비극에 대한 기초적인 상식을 가지고 대하면 작품의 이해가 더 용이할 것이다. 이를테면 현대극에서 볼 수 없는 합창(코러스)이 갖는 역할이라든가—코러스는 원래 디튜람보스 신(神)의 찬가(讚歌)로부터 출발하여 그 진행에 대한 해설·비평같은 역을 희랍비극 및 희극에서 했는데 그후 극형식의 변화와 더불어 사라졌다가 현대에 와서 T.S.엘리어트의 시극(詩劇) 등에서 다시 시도되고 있다.—희랍의 극장 구조에 대한 지식 등을 가지고 있다면 작품의 이해에 적지않은 도움이 될 것이다.

다음에 우리는 이 작품의 주제가 무엇인가를 생각해 보아야 할 것이다. 이 작품의 주제가 무엇인가? 이 문제는 많은 논의를 일으킬 것이다. 전술한 줄거리에서 본, 소위 기구한 운명이 이 작품의 주제일 것인가. 아니면 남달리 강한 성격의 소유자인 주인공의 '숙명(宿命)에의 반항'이 주제라고 말할 수 있는가.

하여튼 이 작품을 현대적인 각도에서 검토해 본다면 단순히 운명의 힘에 짓밟힌 인간의 비극을 다루고 있는 것이 아니라 이 숙명에 반항하는 인간의 자세를 엿볼 수 있을 것이고, 나아가서는 프로이드의 정신분석학적인 과제―오이디푸스 콤플렉스―를 발견하는 자도 있을 것이다. 그러나 이 작품이 쓰인 시대적 배경을 고려한다면 이러한 판단은 지나친 것일지도 모른다.

이러한 점은 독자의 주관적 판단에 의존할 수밖에 없으나 그 주관은 될 수 있는 한 객관적 사실에서 출발하여야 할 것이다. 그래서 우리는 그 작품이 쓰인 시대적 배경을 생각지 않을 수 없는 것이다. 다음에 이 작품은 어떠한 부류에 속하는 작품인가? 작자가 이 작품을 다룬 태도를 생각한다면 그것이 '희극'에 속하지 않는다는 것은 곧 알 수 있으나 '비극' 또는 '통속비극'·'멜로 드라마' 등 심각한 태도에서 나온 계열의 작품 중 어느 것에 속한단 말인가. 결국 우리는 이 작품의 비극성이 일상생활에 기인한 것도 아니며 부질없는 감수성이 개입할 여지가 없다는 점, 그리고 그것이 인간과 신의 대립, 인간과 숙명의 대립에서 빚어지는 것이며, 거기에서 어떤 조화 같은 것을 찾아볼 수 있다는 점에서 이 작품에 '비극'이라는 이름을 붙이게 되는 것이다.

다음에 우리는 여러 가지 소재와 주제를 취급하지 않고 하나의 소재를 집중적으로 취급하고 있다는 점에서 소위 내포적 작품의 계열에 속한다는 것을 알 수 있을 것이다. 작자의 목적의식에 대해선 다시 두 가지의 의견이 있을 수 있다. 혹자는 군주(君主)의 책임 문제를 다루었다고 생각함으로써 타율적인 작품이라고 할 것이며, 혹자는 정치의식을 부정하고 자율적인 작품으로 간파(看破)하기도 할 것이다. 나는 설혹 작자가 정치적 목적의식을 가지고 썼다고 할지라도 그것이 극히 부수적인 점에 불과하다는 점에서 자율적인 작품으로 보는 게 타당하다고 생각한다.

이 작품의 구성에 대한 고찰은 퍽 흥미있는 것이다. 전술한 이 작품의 줄거리를 단순히 연대적(年代的)으로 구성한 게 아니라 마치 수수께끼를 풀 듯 구성한 것이다. 이 희곡은 오이디푸스 왕의 궁전 광장에 모인 군중들의 청원(請願)으로 시작된다.

테베의 만연(蔓延)한 페스트로부터 그들은 구해 달라

는 것이다. 현 왕후 조카스타의 오빠 크레옹이 신탁(神託)을 가지고 돌아온다. 전왕(前王) 라이오스의 살해자를 추방해야만 테베는 페스트로부터 구원된다는 것이다. 그리하여 오이디푸스 왕 자신의 의지에 의해서, 예언자가 입을 엶으로써 오이디푸스 왕 자신의 과거의 비밀이 점차로 드러나기 시작한다. 그는 스스로 깊은 의혹에 사로잡혀 멸망을 재촉한다.

그러나 코린트로부터 온 사자(使者)는 그에게 한가닥의 희망을 준다. 이러한 희망도 왕후의 자결(自決)과 그를 옛날에 주워서 코린트인의 손에 넘긴 목동(牧童)의 출현으로 완전히 부서지고 말아, 그는 스스로의 두 눈을 찌르고 추방의 길을 떠남으로서 막은 내린다.

이러한 구성을 검토할 때 우리는 어떤 발단(發端)에서부터 예기된 결말로 줄달음치는 단순 구성이 아니라 예기치 않은 사실이 사건의 진전 도중 나타나는—코린트로부터 사자(使者)의 내도(來到)—복잡 구성임을 알 수 있을 것이다. 또한 연극에 정통한 소포클레스의 작품이 갖는 구성의 교묘함을 새삼스럽게 느끼게 될 것이다.

이 작품에 등장하는 인물들은 모두 분명한 성격의 소유자들이나 그 중에서도 오이디푸스 왕의 성격은 특히 연구의 대상이 된다고 하겠다. 이 작품이 갖는 비극성은 어느 점에서는 숙명의 힘과 주인공과의 대립에서 유래한다고 말할 수 있으나, 한편으로는 주인공의 성격 및 내적 갈등에 기인한 것이라고도 볼 수 있을 것이다.

그는 운명의 힘에 쉽사리 굴복하지 않는 유난히 강한 성격의 소유자인 동시에 진실 앞에서는 뒷걸음질치지 않는 용기의 소유자라 할 수 있을 것이다. 이런 점에서 많은 현대의 작가들이 오이디푸스 왕이라는 인물에 관심을 갖고 그들의 작품 속에서도 그를 다루려 한 것이 아닌가 한다. 그 언어에 대한 고찰은 작품이 외국작품인 탓으로 퍽 힘들다 하겠으나 간명하고도 조화 있는 소포클레스의 언어구사를 번역문을 통해서도 느낄 수 있을 것이며, 희랍비극이 갖는 코러스의 웅장하고도 세련된 맛을 우리는 음미하여야 할 것이다. 주제와 내용, 구성 모두가 아무리 세월이 흘러도 낡지 않는 위대한 비극 작품의 전형(典刑)임을 알게 될 것이다.

(2) 〈오해(誤解)〉

〈오해〉는 까뮈의 1944년 작품이다. 여관을 경영하는 모녀(母女)가 손님들을 살해하고 재물을 뺏는 것을 일삼는데, 어느 날 어렸을 때 집을 나간 아들이 돌아오나 손님으로 착각하여 살해하고 만다는 중세기의 전설을 현대화한 희곡이다. 원래 전설의 주제는 '괴이한 인간의 운명'과 저지른 죄는 마땅히 응보(應報)를 받는다는 것

등을 들 수 있겠는데, 까뮈는 거기에 존재의 부조리성을 가미하여 소위 '거짓 희망이 빚어내는 비극'을 다루고 있다고 말할 수 있다.

작품이 쓰여진 연대가 또한 독일 점령하였다는 점에서 오해에서 출발한 비극의 심각성을 그려내려 했는지도 모른다. 현실을 그대로 밑받침으로 하지 않고 그의 철학적인 사상을 희곡이라는 이름을 빌려 표현하였다는 점에서 개념극, 형이상학적(形而上學的) 희곡 등, 평자들은 여러 명칭을 붙였으나 보편적으로 분류해서 비극이라 할 수 있을 것이다.

다만 희랍비극이나 셰익스피어극 또는 프랑스 고전극의 비극과 다른 점은 어떤 운명의 힘에 짓밟힌 비극이 아니라 인간 자체의 성격과 그 선택에서 기인한 비극이라는 점이다. 이 작품의 구성 역시 단순 구성이 아니라 복잡 구성이라 할 수 있다.

살해된 손님의 패스포트에 의해서 아들이라는 것을 알게 된 것은 의외의 사건으로, 작품의 결말을 완전히 바꾸고 만 것이다. 등장인물은 두 개의 족속으로 나눌 수 있다. 즉, 여관에 사는 어머니와 마르타, 그리고 하인과, 먼 태양과 바다의 나라에서 온 장과 마리아는 어느 의미에 있어 전혀 다른 족속이다. 어머니와 마르타는 그들의 존재의 부조리성을 자각하고 그러한 조건에서 벗어나려고 발버둥친다면 장과 마리아는 이와 반대로 거짓 희망 위에 그들의 행동의 기점(起點)을 둔 것이다. 그리하여 그들은 대립한다. 대립 자체가 부조리한 것이고 이유 없는 오해에서 출발한 것이다.

까뮈의 문체는 간략하고 명료하기로 알려져 있는데 이 희곡에서도 금방 그것을 알 수 있다. 허식(虛飾)이 없는 문체로 오히려 딱딱할 지경이다. 그러나 그 대화는 마치 격언과 같이 세련된 맛이 있으며, 인물들의 심리적 움직임을 잘 표현하고 있다. 까뮈의 희곡은 〈시지프의 신화〉나 〈반항적 인간〉에서 그가 전개한 그의 이른바 '부조리의 철학'의 해설서 같은 성격을 띠고 있다. 따라서 이 작품이 지니고 있는 사상성에 대한 고찰은 특히 중요한 점이라고 할 것이다.

나는 여기서 희곡의 감상에서 유의하여야 할 몇 가지 점과 그 요령 같은 것을 이야기하려 하였다. 그러나 모든 예술의 감상이 그렇듯이 희곡을 감상하는 데 어떤 공식(公式)이 있을 수 없으며, 또 그 작품에 대한 의견도 각기 다를 수 있을 것이다. 예술작품을 대하는 데 어떤 수학 문제를 풀 듯이 할 수도 없으며 상품을 평가하듯 그 가치를 평가해서도 안 될 것이다.

그 시대에 혹평을 받은 작품들이 후세에 걸작으로 인정되는 경우가 얼마나 많은가. 따라서 나는 희곡을 감상하는 유일한 길은, 음악도 여러 번 들어야 그 진가를 알 수 있듯 겸손한 태도로 여러 번 읽고 오래 생각하는 것이 아닌가 한다. 그리고 희곡이란 하나의 완성된 예술형식이 아닌 이상 연극의 감상과 병행하여야만 될 것이다.

배우의 작업

'그것은 정말 괴물스런 게 아닌가, 여기 저 배우가
단순한 꾸며낸 이야기, 가상의 정열에 있어서도
영혼을 움직여 안색은 창백해지고
눈물을 가득, 정신은 착란된 양 목소리도 메어지고,
그리고 그러한 모든 행동(行動)이
그의 착상(着想)에 알맞는 형태를 얻도록
그의 영혼을 그 착상 속에 끌어 넣을 수 있다니.'

— 〈햄릿〉 2막 2장 —

1. 연기자의 훈련

 흔히 신파조(新派調)하면 나쁜 연극의 대명사로 생각되고, 신파연극이 무엇인지도 모르는 젊은 연극인이나 관객들은 신파를 무작정 규탄하려 든다. 그러나 나는 신파연극이 그처럼 무책임하게 규탄됨으로써 사실상 한국 연극에서 자취를 감춘 것을 안타깝게 생각한다.
 물론 신파연극이 지나치게 기교주의에 흐르고 최루적(催淚的)인 천박한 내용을 주로 다룬 점에서는 마땅히 비판의 대상이 되어야 하지만, 그러나 아마추어 연극의 성격이 강한 토월회(土月會)나 극예술연구회(劇藝術研究會)는 상대적인 위치에서 충분한 존재 가치가 있었던 것이 아닐까.
 신파극 또는 중간극(中間劇)이 있었기에 오늘의 우리 연극이 보다 다양할 수 있고 대중에게 뿌리를 박는데도 보다 쉬울지 모른다. 관객층의 폭이 보다 넓을 수 있다는 것은 의심할 여지가 없으며, 둘째로 연기술면에서도 신파극이 그 명맥(命脈)을 유지했더라면 많은 보탬이 되었으리라는 생각이 드는 것이다.
 하여튼 신파극을 그처럼 중상(中傷)하고 몰아세움으로써 사실상 소멸케 한 것은 주로 극문학(劇文學)을 통해 연극을 시작한 아마추어적 연극인과 거기에 가세한 아마추어적 연극 저널리즘이 저지른 커다란 오류였음은 부정할 수 없는 사실이다.

물론 아마추어 연극이 그 나라 연극계의 건전한 밑거름이 되는 것은 사실이지만 아마추어 연극이 그 전부여도 곤란하며 그 나라 연극계를 대표해서도 곤란하다. 결국은 예술적으로 승화하고 직업적으로 발전해 가야 하며, 그런 점에서 아마추어리즘의 탈피는 한국 연극계의 중요한 과제라고 하겠다.

아마추어리즘에서의 탈피는 우선 기술적인 훈련과 습득에서 이루어질 수 있다. 연기는 예술이기 이전에 우선 기술이며, 일정한 기술을 터득한 연후에 연기가 예술로서 승화될 수 있는 것이다. 기초적인 기술을 익히지 못한 성악가(聲樂家)나 무용가(舞踊家)에게서 예술적인 작업을 기대할 수 없듯이 기초적인 기술을 터득하지 못한 배우가 하루 아침에 갑자기 예술가가 될 수는 없는 것이다.

수년 전 미국에 갔을 때 〈코코〉라는 뮤지컬을 브로드웨이에서 보았다. 파리 패션계의 여왕 샤넬 여사의 이야기를 뮤지컬로 꾸민 것으로, 그저 눈요기거리의 상업적인 무대였으나 샤넬 여사역의 캐서린 헵번의 연기는 퍽 인상적이었다.

이를테면 무대 뒷면에 샤넬이 옛날에 사귄 남성들의

모습이 슬라이드 투사로 나타나는 동안 무대의 가장 전면에 스포트를 받으며 서 있는 헵번은 옛날을 회상하며 울고 웃곤 하는데, 거기에서 단순히 역을 느끼는 동화작용으로는 도저히 불가능한 연기술을 느낄 수 있었다. 오랜 훈련과 경험에서 오는 연기술이라고나 할까.

또 어떤 장면에서는 술에 만취한 헵번이 45도 각도의 긴 원형계단을 쏜살같이 내려온다. 술에 취해서 균형을 잃은 자세로 계단을 내려오는데, 순간 그녀가 정말 넘어지지 않을까 걱정이 되었다. 그러나 계단을 다 내려온 그녀는 한 의자를 붙잡으며 딱 정지하고 균형을 되찾는 것이었다. 당시 헵번의 나이 60이 넘은 것을 고려할 때 그것은 곡예(曲藝)에 가까운 모험이었다. 젊은 여자라도 그러한 속도로 계단을 뛰어 내려오다가는 발을 삐기 일쑤일 것이다.

결국 헵번은 연기자로서의 뛰어난 기술을 몸에 지니고 있으며 기록을 보유하고 있는 운동선수가 그 기록을 지키기 위해 꾸준히 노력을 하듯이 부단한 노력의 성과를 무대에서 보여 주는 것으로 느껴져 퍽 인상적이었다.

배우란 현역(現役) 연주가나 운동선수와 같다. 운동선수가 기록 갱신을 위해 꾸준히 연습을 하듯이, 피아니스트나 바이올리니스트가 기술적인 연마를 하루도 소홀히 하지 않듯이 배우도 꾸준한 연기술의 연마가 필요한 것은 당연한 이치라고 하겠다.

2. 음성(音聲) 훈련

배우는 결국 자기의 육체를 소재로 해서 창조하는 것이지만 거기에서 우리는 크게 나누어 화술(話術)·행동 그리고 무대에서의 템포와 리듬감각 등으로 나누어 생각할 수 있을 것이다.

인간의 언어 기능은 연극의 핵심을 이룬다고 볼 수 있으며, 따라서 고도의 화술을 배우에게 요구한다. 잘 훈련된 음성, 분명한 딕션(말투 또는 말씨), 언어의 법칙에 대한 충분한 지식 등은 뛰어난 언어행위의 조건이다. 반대로 결점이 있는 음성과 발음, 논리적인 말에 대한 법칙 위반은 상호간의 언어행동을 방해하고 왜곡(歪曲)시키며 때로는 불가능한 것으로 만든다.

아무리 뛰어난 피아니스트도 조율(調律)이 되어 있지 않은 피아노로는 곡의 아름다움을 표현할 수 없다. 우선 피아노의 조율부터 시작해야 한다. 마찬가지로 배우도 무대에서의 형상화(形象化)를 위한 자기의 창조기관(創造器官), 이를테면 음성기관(音聲器官)의 조정(調整)부터 시작해야 할 것이다.

무대에서 대사를 처리하기 위해서는 잘 울리는 훈련

된 음성을 가지고 있어야 할 것이다. 아무리 재능 있는 배우라 할지라도 음성이 객석에 잘 들리지 않는 배우가 있다면 그를 직업적으로 완전한 배우라고 볼 수 없을 것이다. 깊은 생각과 아름다운 감정이 무대상의 목쉰 소리, 탁음, 코먹은 소리로 해서 해쳐지고 불유쾌한 것이 되고, 희곡의 아름다운 대사가 훈련되지 않은 짧은 호흡(呼吸) 때문에 제대로 전달되지 않는다면 안될 것이다.

물론 이것은 새삼스런 이야기는 아니지만 그러나 배우는 단순히 음성을 쓰는 사람이 아니라 음성을 자유로이 쓸 수 있는 숙련된 기교를 가지고 있어야 한다. 음성은 두말할 것도 없이 인간 감정의 주요한 전달자(傳達者)이며 주요한 표현자(表現者)로서 배우는 이 주요한 수단을 개발하고 발전시켜야 하는 것이다.

등장인물의 생각은 언어로써 표현되지만 그 심리적 변화, 심리적 체험은 억양(抑揚)으로 표현된다. 러시아의 유명한 성악가이자 배우인 살리아핀은 그러한 심리적 변화를 표현하는 데 음성의 색채(色彩)라는 말을 쓰고 있다.

'나는 어느 음부(音符)를 어떻게 내느냐 하는 음악상의 억양을 문제삼고 있는 것이 아니다. 음성의 색채에 관해서 말하고 있는 것이다. 음성은 보통 대화에 있어서도 여러 가지 색채를 지니고 있는 법이다. 인간은 같은 색채의 음성으로 '당신을 사랑해'라든가 '당신을 증오한다'라고 말할 수 없다. 그때그때의 경우에 따라 반드시 독특한 억양이 생기는 법이다.

이러한 음성의 색채를 풍부하게 하고 다양하게 하기 위해서는 타고난 자질에만 의존할 수 없다. 올바른 호흡법, 올바른 발성의 훈련이 뒷받침해야 한다. 음성을 올바르게 소유하고 음성에 힘, 유연성(柔軟性), 상쾌한 음색(音色)을 주기 위해서는 부단한 훈련이 있어야 할 것이다.

음성에 대한 훈련 못지않게 딕션에 대한 관심과 훈련도 배우의 중요한 과제이다. 그 작품에 대한 해석이 어떻든간에 희곡의 대사를 제대로 관객에게 전달한다는 것은 배우의 하나의 의무이며, 그러한 의무는 올바른 딕션, 분명하고 또렷또렷한 발음에 의해서 실천될 수 있다. 연기를 대상으로 하는 모든 서적은 이 딕션의 문제를 취급하고 있는데 배우 개개인의 문제로서는 모음(母音)·자음(子音) 또는 그 결합에서 오는 발음상의 잘못 등을 다루기도 하고 사투리를 다루기도 한다.

우리말의 경우 '애'·'에'·'예'·'외'·'왜' 등 발음의 혼돈, '말(言語)'과 '말(馬)', '눈(雪)'과 '눈(眼)', 갈대 같은 것을 엮은 '발'과 사람의 '발', '밤(栗)'과 '밤(夜)'의 발음의 장단(長短) 등에 관한 혼돈을 시정하는 것도 중요한 과제라 하겠으며, 지나치게 딱딱한 발음, 너무 날카로운 발음, 너무 태를 내는 말투, 천박한 말투 등도 수정되어야 할 것이다.

사투리의 교정은 쉬운 일이 아니다. 하나하나의 어휘의 발음이 틀렸을 뿐 아니라 말의 리듬, 악센트의 위치가 틀려 있으므로 그 교정은 보통 어려운 작업이 아니며 특히 우리나라에서 경상도 사투리는 흔히 치명적인 것으로 이야기된다. 그러나 치명적인 약점으로 느껴졌던 어떤 배우의 딕션도 부단한 노력에 의해서 교정될 수 있는 것은 물론이다. 금세기 프랑스 최대의 배우로 이야기되는 루이 주베는 그 독특한 딕션으로 해서 배우 지망을 단념하는 게 좋을 것이라는 충고를 선배들에게서 흔히 들었다.

그러나 그는 끈질긴 노력으로 그러한 약점을 극복했으며, 그의 약간 독특한 말씨는 강렬한 개성을 말해 주는 것으로 느껴지게 만들었다. 자기의 약점을 오히려 강점으로 변형시킨 예라고 할까.

이러한 발성과 딕션에 관한 훈련과 더불어 배우들은 언어의 구조를 충분히 이해하고 말의 논리를 세워 말을 쓰도록 노력을 해야 할 것이다. 즉, 희곡의 내용을 문법적으로 올바르게, 논리적으로 관객에게 전달해야 한다. 이러한 문제도 지극히 상식적인 이야기인 것 같지만 일상생활에서 허다한 잘못을 저지르고 있으며, 흔히 가장 말을 잘하는 사람으로 알려져 있는 아나운서들도 이 점에서 많은 과오를 저지르고 있는 것 같다.

그들이 흔히 저지르는 잘못은 문장(文章)을 문법적인 단위로 끊지 않고 호흡의 길이로 끊는 데서 유래하는 경우가 많다. 배우도 이러한 오류를 범하지 않기 위해서는 대사를 논리적인 면에서 충분히 분석하고 말의 표현의 법칙을 찾아내도록 노력해야 할 것이다.

그러나 지나치게 어떠한 법칙에 얽매이는 것도 배우의 창조적 자유를 짓밟을 가능성이 있다. 연기술에 관한 그의 시스템을 전개시키는 데 있어 이 분야에 많은 페이지를 할당하고 있는 스타니슬라프스키도 이 점에 관해서 다음과 같이 말하고 있다.

"우리는 말의 분야에 또 하나의 성실한 조수를 가지고 있다. 그것은 말의 표현의 법칙이다. 그러나 그것을 이용하는 데는 여간한 조심성이 있어야 한다. 왜냐하면 그 조수는 양쪽에 날이 있는 단도(短刀)로서, 도움이 되기도 하지만 때로는 해가 되는 수도 있기 때문이다."

그리고 그는 하나의 경험담을 말하고 있다.

"언젠가 잘난 체하는 연출가와 일한 적이 있다. 시극의 연습이었는데 그는 내가 맡은 역의 대사에다 악센트, 포즈, 음의 고저, 말의 표현의 법칙상 필요하다고 생각되는 억양 등 모든 것을 적어 넣었다. 나는 규칙이라기보다는 음의 억양을 열심히 그대로 외웠다. 덕택에 거기에 완전히 주의력을 빼앗겨 말의 이면에 숨겨져 있는 더 중요한 것에 눈을 돌릴 여유를 갖지 못한 것이다. '말의 표현의 법칙' 때문에 그때의 내 역은 커다란 실패로 돌아갔다. 법칙의 이러한 이용, 즉 규칙의 결과를 그대로 외운다는 것은 유해(有害)하다. 그것은 명백한 사실이다. 규칙은 구구법(九九法), 문법, 문장법(文章法) 등에 있어서도 그렇지만 우리의 몸 속으로 들어가서 그 속에 살기 시작해야 한다. 이해한다는 것만으로는 충분하지 않으며, 몸에 붙도록 해야 한다."

그는 그의 시스템의 주요 원칙, 즉 '먼저 의식적으로 예술의 기술을 습득하고 난 연후에 잠재적 창조에 옮긴다'는 원칙에 이 화술의 법칙을 순응(順應)시키려 했다고나 할까. 그의 원칙의 전후반(前後半)은 유기적인 관계를 가지고 있는 것이다.

무대에서 사용되는 말을 가꾼다는 것, 배우의 화술을 발전시킨다는 것은 그 나라의 연극예술의 발전에만 기여하는 것이 아니라 그 나라의 언어문화의 보호, 발전을 위해서도 지극히 중요한 과제이다. 문학이 문장언어(文章言語)의 문화를 발전시키고 보호하는 것처럼 연극도 화술언어(話術言語)의 모범을 만들고 화술언어의 보호자가 되는 사명을 띠고 있다고나 할까.

스타니슬라프스키도 이 점을 지적하고 있지만 괴테도 비슷한 이야기를 하고 있다.

"좋은 취미, 예술, 지식이 긴 세월 동안 만들어 내고 확실한 것으로 만들어 온 순수한 독일어만이 무대에 군림해야 한다."

미국에서는 스피치 교육이 연극의 기초일 뿐만 아니라 넓은 의미의 교양으로써 교육의 전과정에 걸쳐 실시되고 있다. 우리나라에서도 이제 스피치(speech) 교육을 단순한 연기자의 훈련을 위한 교육이 아니라 건전한 문화인·사회인을 만드는 교육으로써 좀더 관심을 가져야 할 시기가 온 것이 아닐까.

3. 육체적 훈련

인간의 풍부하고 다양한 정신생활, 섬세한 심리적 변화도 결국은 근육운동으로써 표현된다. 행동·행위도 근육운동으로 구상화되고 말도 호흡기관·발성기관의 근육의 움직임으로 이루어진다.

누군가가 말한 것처럼 어린애가 노리개를 갖고 웃을 때도, 순교자(殉敎者)가 박해를 받으며 태연히 버틸 때도, 처음으로 사랑을 안 처녀가 몸을 떨 때도, 뉴턴이 그 유명한 만유인력의 법칙을 발견하고 그것을 종이에 적을 때도 결국 최종적 사실은 근육운동으로써 표현된다. 무대에서 창조되는 형상도, 인간정신의 생활의 복잡함도 모두가 근육운동을 통해서 구상화된다.

근육이 발달되지 않고 잘 움직이지 않는 배우는 아무리 노력을 해도 자기의 내면적 체험을 섬세한 부분까지 관객에게 전달할 수 없다. 그뿐 아니라 육체와 정신은 불가분의 관계를 가지고 있으므로 근육의 압박(壓迫)은 심리상의 억압(抑壓)을 불러일으킨다. 반대로 심리의 억압은 근육의 압박을 불러일으킨다. 너무나 긴장된 육체는 유기적(有機的) 과정의 실현에 장애가 된다. 배우의 육체적 훈련, 무대에서의 움직임, 리드미컬한 동작의 훈련 등의 중요성은 새삼 강조할 필요가 없다.

그러나 한국의 배우들은 육체적 훈련과 외부적 기술은 소홀히 하고 마음으로 느끼는 것만을 소중히 하는 경향이 없지 않다. 그들이 내면적인 연기, 차원 높은 연기로 착각하고 있는 것이 실은 아마추어적인 연기의 전형이라고 볼 수 있는 것이다.

이러한 아마추어리즘에서 탈피하기 위해 음악의 연주, 무용 등을 전공하는 학생들에 못지않은 고된 훈련을 연기자 지망생들도 감수해야 할 것이다. 연기자의 육체적 훈련과 표현을 위해서 스포츠와 체조·무용·곡예

·펜싱·검술 그리고 태권도 등에 대한 것을 세계 여러 나라의 연기학교에서 가르치고 있다. 우리도 우리의 실정에 맞는 육체적 훈련을 연기 지망생들에게 과하는 동시에 기성 연기인들도 재훈련에 도입해야 할 것이다.

스포츠와 체조는 어떠한 직업을 가진 사람에게도 유익한 것이겠지만 무대인에게는 특히 소홀히 될 수 없다. 배우는 햇빛과 신선한 공기와는 먼 거리에 있는 실내 극장에서 언제나 신경을 곤두세우고 살고 있다. 스포츠는 이러한 조건 속에서 살고 있는 배우들의 신경에 휴식을 주고 그의 신경 조건을 강인하고 신선한 것으로 만들어 줄 것이다.

배우에게 알맞는 스포츠로는 몸 전체 근육의 조화된 발달을 촉진시키는 종목이 좋으며, 한 근육에 치우친 발달을 가져오는 스포츠는 피하는 게 좋다는 게 일반적인 의견이며, 이런 점에서 체조는 가장 효과적이라고 하겠다. 그리하여 연기자의 훈련에 가장 알맞는 무대용 체조가 제창되고 개발되기도 했다. 무대용 체조는 민첩한 움직임, 역동성(力動性)·정확성을 육성하는 일반 훈련 외에 개인의 결점을 교정하는 특별연습도 포함한다.

마치 조각가가 자기가 만드는 조각이 아름답고 올바른 조화를 갖도록 노력하듯이 체조를 통해 살아 있는 배우의 육체를 그렇게 만들어야 한다고 생각하는 것이다. 스포츠의 경우는 단순히 육체적인 훈련만이 아니라 그 밖에 정신적인 면에서도 연기자에게 퍽 유익하다.

스포츠 경기는 무대상의 연기와 많은 공통점을 가지고 있다. 스포츠맨과 배우는 경기의 규칙과 희곡의 주어진 상황이 조건짓는 일정한 목적을 향해 간다. 그 목적을 위해 힘과 의지, 주의력 등 모든 것을 동원해야 한다. 그들은 한결같이 상대방에게 적극적으로 반응해야 하며 상황 변화에 민첩하게 반응해야 하고 협동정신을 발휘해야 한다.

이러한 기초적 육체 훈련에다 무대에서의 움직임을 위한 특수한 육체적 훈련도 배우수업의 중요한 과제이다. 이를테면 발레나 댄스 등의 무용 훈련은 배우의 몸짓에 넓은 폭과 유려함 그리고 선률성(旋律性)을 주며 선(線)과 비약(飛躍)을 부여하는 것이다.

또한 서커스의 곡예와 관련된 연습, 이를테면 공중회전, 물구나무서기, 점프, 균형잡기 등도 배우수업의 중요한 과정으로 평가되고 있다. 그러한 곡예에 가까운 동작을 무대에서 실제로 하는 경우는 드물지 모르지만 그러한 훈련을 통해서 결단력, 의지의 힘, 용감성, 육체의 민첩성 등을 부여한다고 할까.

무대에서의 움직임을 위한 훈련으로는 펜싱, 여러 가지 무기를 가진 싸움 등도 **빼놓을** 수 없다. 서양의 연극에서는 펜싱이 옛날부터 배우교육의 필수조건이었다고 할 수 있는데, 그것은 흔히 결투장면이 연극에서 나오는 데도 원인이 있지만 펜싱 경기에는 상대역과 대치하는 배우의 호흡과 비슷한 것이 있으며, 넘어지고 일어나고 저항하는 움직임을 습득하는 데도 도움이 되기 때문이다.

무대에서는 진짜 살인이나 사람을 상하게 하는 주먹질, 정신을 잃도록 넘어지는 것, 필요 이상의 피로를 부르는 근육의 긴장도 있어서는 안 된다. 무대에서 진짜 주먹질을 한다고 해서 예술이 되지는 않는다. 그것은 연극에 소박한 자연주의적(自然主義的) 요소와 우연성(偶然性)을 가져올 뿐이다. 그래서 배우는 위험을 피하기 위해서나 미학상(美學上)의 요구에 따르기 위해서도 일정의 기술상의 방법을 알고 있어야 한다.

까뮈의 희곡 〈흑인 창녀를 위한 고백〉을 연습할 때의 이야기이다. '템플'로 분장한 최지숙(崔芝淑)이 흑인 하녀로 분장한 박정자(朴正子)의 뺨을 때리는 장면에서 의견이 엇갈렸다. 나는 최지숙이 박정자를 실제로 때려서는 안 되며 기술적으로 처리하기를 요구했다. 최지숙이 힘껏 갈기고 그러나 박정자는 맞아서는 안 되고, 뺨 맞는 소리는 박정자가 몸을 피하며 자기 손뼉을 침으로써 효과를 얻어야 한다고 설명을 했다. 몇 번 연습을 했으나 잘 되지 않았다. 우선 맞는 역을 하는 박정자 자신이 기분이 안 난 것이다.

뺨을 때리고 얻어맞는 불꽃 튀기는 심각한 순간에 관객을 속이고 손뼉을 친대서야 감정이 깨져서 연기를 할 수 없다는 것이다. 박정자는 대단히 진지한 연기자로 흐지부지한 것을 싫어하고 역을 맡으면 그 역에 몰입하기를 원하는 타입의 배우이다. 그녀는 본인이 실제로 맞기를 원하니 실제로 맞도록 해달라는 것이었다. 그리하여 박정자는 최지숙으로부터 매공연마다 실제로 뺨을 얻어맞았다. 뭔가 박진(迫眞)한 맛이 무대에 없는 것은 아니었다.

어느 날 밤 공연에 뺨을 얻어맞은 흑인 하녀 박정자는 한참 동안 멍하니 서 있었다. 다른 공연에 비해서 너무나 포즈가 길었다. 그날 밤 최지숙은 여느 때보다도 더욱 기분을 내서 박정자의 뺨을 때렸고, 그래서 박정자는 머리가 멍해져 한참 동안 멍하니 서 있었던 것이다.

그날 밤 그대로 쓰러져 정신을 잃지 않은 것만도 다행이었다. 또한 우리 극단의 국립극장 공연은 겨우 1주일이니 다행이었지 외국의 경우처럼 장기공연이었다면 박정자의 뺨이 열 개 있어도 부족했을 것이다. 결국 뺨 정도는 실제로 맞겠다는 박정자의 의욕은 좋았지만 이제 생각하면 그것도 극복되어야 하는 하나의 아마추어 리즘이었다.

배우는 이러한 무대에서의 움직임을 위한 육체적 훈련 외에 걸음걸이, 태도 등에 대해서도 깊은 관심을 가지고 연구를 해야 한다. 하나의 예로, 걷는다는 것은 누구나 할 수 있는 것이지만 자연스럽고 아름답게 걷는다는 것은 보통 어려운 일이 아니다. 장 루이 바로는 무대에서의 걸음걸이를 습득하는 데 10년이 걸렸고, 그 결과 이상해진 자기의 일상생활의 걸음걸이를 고치는 데 10년 걸렸다는 이야기를 한 적이 있다. 걸음걸이라는 단순한 움직임을 습득하는 데도 그만큼 어렵다는 것을 말하는 것일 것이다.

이러한 육체적 훈련은 세계의 연기자들에게 공통된 것이겠지만 우리의 경우에는 여기에다 우리의 전통적인 육체적 움직임에 대한 연구가 추가되어야 할 것이다. 이를테면 우리의 고전무용, 봉산탈춤 등의 민속무용, 태권도 등도 배우수업에 도움이 될 수 있을 것이다. 어떠한 동작도 개성적이면서 어색하지 않게 하려면 이러한 육체적 훈련을 계속해야 한다.

4. 연기의 유형

 이러한 행동, 육체적인 훈련만으로 뛰어난 배우가 될 수 있는 것은 아니다. 배우의 창조의 본질은 행동이 유기적이라고 해서 충분한 것은 아니다. 그 유기적 행동도 표현하려는 인물의 고유한 개인적 특수성을 지니고 있지 않다면 그것은 형상성(形象性)이 없는 유기성으로서 예술이라고 할 수는 없다.

 그러므로 표현하려는 인물의 여러 가지 특징, 선천적·연령적·역사 풍속적(歷史風俗的)·사회적·직업적·개인적 특징 등을 연구 파악하고 그것을 표현하도록 노력해야 한다. 그럼으로써 배우 자신의 특징을 극복해야 한다. 여기에서도 우리는 배우의 작업의 이중성을 엿볼 수 있다. 배우는 보통 무대 위에서 두 개의 다른 심리적 체험을 갖는데, 하나는 맡은 역의 인물의 생활에 따른 체험이며 또 하나는 예술가로서, 인간으로서의 배우 자신의 생활의 선(線)에 따른 체험이다.

 이 두 개의 과정은 서로 작용하면서 마지막에 통일된다고 볼 수 있는데, 그 두 개의 과정의 상호관계에 의해서 연기 스타일이 결정된다고 볼 수 있다. 흔히 연기에는 '대리(代理)'·'형성(形成)'·'표시(表示)'의 세 가지 패턴이 있다고 말하는데 이러한 분류는 표현하는 사람,

즉 배우와 표현되는 인물, 즉 역과의 관계에 따라 이루어진 것이다.

'대리'의 성격을 띤 연기는 원시적(原始的) 형태의 연기에서 볼 수 있는 것으로 제전(祭典) 등에 도입된 춤, 또는 종교극(宗敎劇)에서 신령(神靈)을 표시한다든가 그리스도나 사도(使徒)를 표현할 때 아니면 왕(王)의 권위 등이 표현되는 경우에 볼 수 있다. 여기에서의 연기자의 역할은 표현하는 대사를 리얼하게 모방하지 않고 그저 그 역을 대리하면 되는 것이다.

'형성'은 우리가 일반적으로 생각하는 연기로서 역의 형상화를 하는 것이다. 어떠한 역의 단순한 대리가 아니라 역 속에 완전히 숨어서 역을 형성하고 그 역의 일루전을 관개에게 불러일으켜야 한다.

'표시'라는 스타일의 연기는 최근에 많은 관심을 불러일으키고 있는데 이것은 배우가 역 속에 완전히 숨지 않고 오히려 전면에 나타나려는 경향을 띠고 있다. 배우와 등장인물은 완전히 별개의 인물이다. 별개의 인물이라는 사실을 감추려 하지도 않는다. 배우는 역 속에 완전히 들어가려고 하지 않고 다만 역을 표시할 뿐이다. 여기에서 배우에게 요구되는 것은 한 개인의 성격 또는 행동의 형성이 아니라 무대와 관객 사이를 연결짓는 예술적이며 사회적인 기능인 것이다.

브레히트처럼 이화적(異化的) 효과를 중요시하고 사회교육 또는 비판적인 기능을 앞세운 연극에서는 이러한 연기의 형이 요구된다고 흔히 말하는데, 동양 연극의 연기에는 이러한 '표시'적 성격이 강하다. 우리의 '판소리'에는 이러한 표시적 성격이 교묘히 도입되어 있다.

5. 기본적인 법칙
- 그러나 왕도는 없다

'배우의 작업'은 일면 간단한 것 같지만 따지고 보면 지극히 복잡하고 모순에 찬 것이며 아직도 미해결의 장으로 느껴지는 문제들이 너무나 많다. 연기자가 되는 길 또한 지극히 험난하며 어떠한 뚜렷한 방법과 길이 있는 것도 아니다.

최근에 프랑스의 코메디 프랑세즈에서 보마르셰의 〈피가로의 결혼〉을 공연했는데 피가로 역은 더블 캐스트였다고 한다. 한 배우는 지극히 아름다운 음성과 유창한 대사 처리를 한 데 비해 한 배우는 딱딱한 음성에 짧은 호흡으로 대사가 토막토막이 되었다고 한다. 그런데 여기서 재미있는 사실은 전자보다도 후자가 더 열렬한 관객들의 반응을 불러일으켰다고 하는 것이다.

이러한 현상은 어떻게 설명해야 할 것인가. 결국, 연

기자는 선천적으로 타고나야지 훈련을 받는다는 것은 무의미한 것이 아닐까? 언젠가 프랑스의 강렬한 개성을 지닌 연기자 알렝 퀴니와 만났을 때 연기자를 꿈꾸는 젊은이에게 주고 싶은 충고를 물었더니,

"연기자가 되지 말라고 충고하겠다. 그래도 굳이 되겠다면 …… 우선 자기가 지니고 있는 모든 에너지를 검토하고 재고한 연후에 왜 대중 앞에 자기의 연기를 보일 필요가 있는가를 이해하도록 노력해야 한다. 그러니까 자기 자신을 발견한다는 것, 명상에 잠기는 습성은 연기자가 되는 첫째 조건이라고 할 수 있을 것이다. 육체적인 훈련으로 나는 될 수 있는 대로 격렬한 스포츠를 권한다. 좀 주관적일는지 모르지만 비극을 연기한다는 것은 죽음에 이르는 격렬한 시합을 하는 것과 같다."

대충 이런 대답을 했다. 최근에 독일 사람으로 파리에서 망드라골 극단을 주도하고 있는 연출가이자 연기자인 메링그를 만났을 때도 같은 질문을 했다.

"첫째, 이론과 미학을 멀리하라고 충고하고 싶다. 이론에 얽매이는 것이 제일 나쁘다. 둘째로 언제나 왜? 라는 질문을 하고 행동을 해야 한다. 언제나 동기(動機)에 대한 분석이 있어야 한다. 셋째로 언제나 무엇인가를 하려고 서두르지 말라. 그리하여 침묵을 통해서 언어를 발견하고 부동 상태(不動狀態)를 통해서 움직임

을 발견하도록 노력해야 한다."

알렝 퀴나 메링그가 특이한 연기자들인 것도 사실이지만 그들의 말을 듣고 있자면 어느 것이 연기자로 가는 왕도(王道)인지 알 수 없다. 다만 저마다 다르기는 하지만 연기자가 되는 데에는 특수한 훈련이 필요한 것은 아무도 부정하지 않는다. 또한 저마다의 연기 시스템에서는 기본적인 법칙을 절대적인 것은 아니지만 일단 알아둘 필요가 있는 것은 물론이다. 이를테면 무대의 선배들은 다음과 같은 규칙이 연기자에게 지켜져야 한다고 말한다.

① '관객을 향해서 연기를 해야 한다.' 관객은 보통 원형극장의 경우를 제외하고는 무대의 사면(四面) 가운데 한면 쪽에만 앉아 있으므로 그 조건에 따라 연기는 마땅히 관객을 향해 해야 한다는 것이다. 이 말은 배우는 언제나 관람석을 향해 정면(正面)으로 연기하라는 뜻이 아니라 특별한 이유가 없으면 배우는 관객에게 등을 보이지 않고 옆으로 돌아설 때도 관객을 향해 45도 각도로 서는 것이 좋다는 것이다.

② '관람석 쪽을 향해서 몸을 돌려라.' 돌아설 때 원칙적으로 관객에게 등을 보이지 않도록, 즉 관람석을 향해서 몸의 방향을 바꾸라는 것이다. 이유는 ①의 경우와 마찬가지로 관객에게 등을 보이고 돌아서면 자세

가 약해지는 것이다.

③ '서 있을 때는 관람석 쪽의 발을 약간 뒤로해서 선다.' 이것도 ①에서 설명한 것처럼 몸이 될 수 있는 대로 관객을 향해서 서게 하려는 데 의도가 있다.

④ '움직일 때는 움직이는 방향에 가까운 쪽의 발부터 걷기 시작한다.' 움직이는 자세를 아름답게 하기 위해서이다.

⑤ '무대에 등장할 때는 무대 안쪽의 발부터 들어가라.' 배우에게 자연스럽게 관람석의 방향으로 향하도록 하려는 배려이다.

⑥ '퇴장도 무대 안쪽 발부터 하라.' ⑤와 같은 이유이다.

⑦ '무릎을 꿇을 때에는 관람석 쪽의 발로 무릎을 꿇어라.' 관람객들 쪽으로 더 나아가는 듯한 효과도 있고 의상과 몸의 선을 더 아름답게 보여 준다.

⑧ '처음에 대사를 하는 인물은 뒤에서 등장하라.' 두 사람 이상의 인물이 함께 등장하는 경우 제일 먼저 대사를 하는 인물은 맨 뒤에 등장하라는 것이다. 이것은 그 인물이 앞을 향해서 자연스럽게 대사를 하게 하기 위해서이다. 맨 먼저 등장하면 뒤돌아보며 안을 향해 대사를 해야 하므로 잘 들리지 않을 수가 있다.

⑨ '시선을 말하는 인물에게 향하라.' 관객의 주의를

말하는 자에게 집중시키기 위해서이다.

⑩ '몸짓이 대사보다 선행되어야 한다.' 이를테면 손으로 문을 가리키고 '나가!' 하고 외치는 것이 '나가!' 하고 외치는 것보다 더 표현적이라는 것이다.

⑪ '손을 움직여 몸짓을 할 때는 무대 안쪽의 손으로 하라.' 그렇게 해야만 몸 전체의 표정이 관객에게 더 잘 보인다. 관람석 쪽의 손으로 몸짓을 하면 얼굴 표정을 가릴 염려가 있다.

일반적으로 이러한 원칙을 무대의 선배들은 후배에게 이야기하기도 하고 아마추어 연극에서 이런 법칙이 지켜지지 않으면 지적해 주기도 한다. 그러나 이러한 법칙을 전혀 인정하지 않는 배우도 있으며, 의식적으로 그러한 규칙을 깨뜨리려는 연극인들도 많다.

그것을 깨뜨림으로써 참신한 무대효과가 얻어진다면 깨뜨려야 할 것이다. 그러나 의식적으로 그러한 전통적 약속을 깨뜨리고 종래의 방법에 반기를 들고 그것을 넘어서려는 것과, 처음부터 모르고 오류를 범하는 것은 전혀 다르다고 하겠다.

6. 역(役)의 창조(創造)

배우의 작업은 궁극적으로 주어진 역을 어떻게 창조

하느냐에 달려 있다고 하겠다. 주어진 역의 본질을 파악하고 자기의 것으로 하여 그것을 타인에게 전달하는 것이다. A라는 인간이 자기 아닌 B라는 인간이 된다는 것은 연극의 본질(本質)인 동시에 바로 연기의 본질이라고 할 수 있다.

인간 이외의 동물은 자기 자신의 욕망을 표현하고 자기를 주장할 줄은 알지만 자기 아닌 다른 동물이 되어 그 기분을 알고 그의 입장이 되어 행동하는 능력은 없다. 원숭이 등 몇몇 동물은 흉내내는 능력은 있지만 어디까지나 외면적(外面的)인 흉내에 지나지 않고 그 내면적(內面的) 움직임을 파악할 능력은 없다. 연기가 이러한 원숭이의 흉내에 그친다면 별로 어려운 것이 아니며 커다란 감동을 줄 수도 없을 것이다.

A라는 인간이 B라는 인간으로 옮겨가기 위해서, 즉 B라는 인간을 A라는 자기의 육체와 마음을 소재로 해서 형상화하기 위해서는 A는 B의 겉모습, 움직임만을 알게 하는 것이 아니라 B의 복잡한 내면의 움직임, 그 기쁨과 슬픔, 그 긴장(緊張)과 해이(解弛), 섬세한 마음의 진동(震動) 등을 알아야 한다.

타인의 감정의 움직임, 생각 등을 이해하고 그 인간에 '동화'한다는 것은 연기의 본질이라 할 수 있는데 따지고 보면 이러한 것은 인간 특유의 정신작용이며 인간

관계의 본질이라고 할 수 있다. 다만 이 현실에 있어서의 인간관계와 연극의 차이점은 연기의 대상이 되는 B라는 인간이 진짜 인간이 아니고 한 희곡작가가 만들어 낸 성격, 허구(虛構) 속의 인물이라는 것이다.

요컨대 배우가 그 창조의 대상으로 하는 역은 배우가 단순히 자기의 육체를 써서 기계적으로 모방하면 되는 그런 대상이 아니라 다만 문자로서 대본(台本) 속에 기술되어 있을 뿐이다. 그러한 훈김과 체온을 느낄 수 없는 싸늘한 문자에서 생생한 역의 이미지를 만들어 내고 그것을 눈에 보이고 귀에 들리는 구체적인 상황 속에 옮겨 놓으며, 그리고 그 역이 다른 역과의 상호관계 속에서 , 작품 전체 속에서 해야 하는 역할을 끌어내는 것은 궁극적으로 배우의 상상력, 지식과 경험에 기대를 걸어야 한다.

A라는 배우가 B라는 역 속에 옮겨가는, 즉 배우의 본질을 역 속에 옮겨놓는 과정 속에 우리는 배우의 작업 본질을 찾아볼 수 있는데, 그러한 작업이 문학이나 조형예술의 경우와는 달리 자기의 육체를 재료로 해서 이루어지는 작업이니만큼, 무대에서 관객을 향하여 연기를 하는 마지막 단계에 이르기까지 허구한 모순(矛盾)과 긴장을 안고 행하여지며, 예측할 수 없는 불안을 안겨 준다.

보통 한 달 남짓한 기간 연습을 하면서 나는 연출자로서 배우의 이러한 역의 창조를 도울 목적으로 허구한 요구와 암시(暗示)를 제기하지만 역의 창조는 결국 배우들 자신의 과제라는 무력감을 맛보게 된다. 이를테면 A라는 배우가 B라는 역을 창조함에 있어 나는 무대 위에 A의 모습과 그림자를 거세(去勢)시키고 B의 모습과 그림자가 무대 위에 떠오르기를 기대하지만 흔히 B의 가면을 쓴 A가 뚜렷이 모습을 드러내고 무대에서 설칠 때 아연실색하지 않을 수 없다.

그러한 경우 흔히 배우들은 자기의 강렬한 개성(個性) 속에 역중 인물(役中人物)을 길들인 것처럼 착각하고 뽐내는 것이다. 결국 A라는 배우가 B라는 역으로 옮겨가는 데는 허구한 장애가 가로놓여 있으며, A는 의식적이건 무의식적이건 역중 인물 아닌 자기 자신을 주장하려는 경향이 있는 것이다. 그래서 어디까지가 배우의 육체이며 역중 인물의 육체인지, 어디까지가 배우의 마음이며 역중 인물의 마음인지, 관객들은 물론이려니와 배우들 자신도 구별할 수 없게 된다고 할까.

이런 점 때문에 역을 창조하는 자기 자신을 어떻게 역중 인물의 뒤에 숨길 것인가 하는 문제는 배우들의 중요한 과제로서, 허다한 배우와 이론가들이 '역 속에 들어가야 한다'고 주장하는가 하면 '역 속에 빠지지 말고 역 위에 서야 한다'는 이견(異見)을 제기하고, 그 어느 쪽을 택하느냐에 따라서 연기의 스타일이 결정되는 느낌마저도 없지 않은 것이다.

'역 속에 젖어들어야 한다'는 생각은 배우가 역중 인물 속에 들어가서 역에 살고 역의 감정을 자기도 느낄 수 있게 됨으로써 비로소 역중 인물을 박진하게 표현할 수 있으며, 그럼으로써 관객은 역중 인물의 마음과 배우의 마음을 동일한 것으로 보아 주게 된다는 것이다.

이러한 생각은 아리스토텔레스의 《시학(詩學)》을 비롯해서 많은 사람들이 비슷한 주장을 해왔고, 로마시대의 명배우 폴스는 엘렉트라의 역을 맡고 동생의 죽음을 애도(哀悼)해서 눈물을 흘리는 장면을 연기하는데, 죽은 지 얼마 되지 않는 자기 자식의 유골(遺骨) 상자를 무대 위에 올려놓고 마치 자기 자신이 상(喪)을 입은 것처럼 진실로 눈물을 흘렸다고 한다.

시카고의 어느 극장에서는 한 배우가 악역을 너무나 박진하게 연기하는 바람에 한 관객이 분격한 나머지 권총을 발사하여 즉석에서 숨졌으며, 그 자리에 '한 이상적(理想的) 배우와 이상적 관객을 위한 기념비'를 세웠다고 한다. 이처럼 배우는 역중 인물에 완전히 동화하고 관객은 그 배우의 연기에 완전히 동화한다는 것은 분명 하나의 이상(理想)임에 틀림없다. 흔히 연습장에서 연출자가 연기자에게 '푹 젖어라!'라고 요구하는 것은 이러한 이상의 실현을 위해서라고 할까.

여기에 대해서 '역 위에 서야 한다'는 주장은, 배우는 주어진 역을 자기의 것으로 만들어 가는 과정에 있어 역중 인물의 감정에 동화할지라도 그것을 무대에서 연기할 때는 그 역에 푹 빠지지 않고 언제나 그 역 위에 서서 애써 가다듬어 온 연기를 냉정하고 정확하게 되풀이해야 한다는 것이다.

이러한 주장의 대표적인 것으로는 18세기 프랑스의 철학자 디드로의 ≪역설(逆說) 배우에 관해서≫를 들 수 있을 것이다. 그는 이 대담(對談)으로 엮어진 저서에서,

"나는 명배우에게 풍부한 판단력을 기대하고 있다. 나로서는 명배우 속에는 냉정한 관객이 있지 않으면 안 된다고 생각한다. 따라서 나는 그에게 통찰력(洞察力)과 무감정(無感情), 그리고 모든 것을 흉내내는 재주, 또는 결국은 마찬가지 이야기지만 모든 종류의 성격과 역할에 대한 한결같은 적응성(適應性)을 요구하고 있는 것이다." 라고 말함으로써 지나치게 감성(感性)에 따르든가, 지나치게 감정에 얽매여서는 뛰어난 연기자가 될 수 없다고 말하고 있다.

19세기 프랑스의 명배우 코크랑도 비슷한 의견을 말

하고 있다. 그는 ≪배우예술≫이라는 저서 속에서 "예술은 동화가 아니다. 재현(再現)이다. 그러므로 '사람을 울리기 위해서는 먼저 울어라'는 논리는 배우술에는 적용되지 않는다. 만약 그가 실제로 운다면 아마 관객은 웃음을 터뜨릴 것이다. 우는 얼굴이란 우스꽝스러운 것이기 때문이다."라고 말하고 있다. 이러한 주장은 동화작용만이 연기의 전부가 아니라 자기의 연기를 객관적으로 바라볼 수 있는 눈, 비평 정신, 이를테면 이화작용도 그에 못지않게 중요하다는 것을 말해 주고 있다.

한국 연극의 경우 '역 속에' 파(派)에 속하는 배우가 단연 많은 것은 사실이다. 그래서 많은 연기자들이 푹 좀 젖는 연극을 하고 싶다고 말하는 것을 흔히 듣는다. 스트린드베리가 말했듯이 완전히 나를 잊고 역 속에 살아 봄으로써 보람을 느껴 보겠다는 것이다. 그러나 그저 푹 젖어서 느끼기만 하면 연기가 절로 나온다는 사고방식은 곤란하다. 마치 처음으로 사랑의 포로가 된 젊은이가 애인 앞에서는 제대로 감정을 표현하지 못하고 얼굴을 붉히며 입을 삐죽거리고 있듯이, 무대 위에서 제대로 걷지도 못하는 배우가 돌처럼 딱딱히 굳어 있다가 그래도 역중 인물에 동화되었다고 생각하고 뭐 대단한 내면적 연기라도 한 것처럼 뻐기는 걸 보면 그저 딱하다는 생각이 든다.

나는 학생들과 더불어 꾸민 무대 또는 내가 관계한 민중극장(民衆劇場), 자유극장(自由劇場) 등의 레퍼토리 선정에 있어 희극적(喜劇的)인 작품을 보다 많이 선정했는데, 웃음을 천박하게 생각하는 한국적 풍토에 대한 내 딴의 저항도 있었지만 극단의 연기자 육성에도 보다 효율적이라고 생각했기 때문이었다. 즉, 희극이나 소극의 경우 동화작용보다는 이화작용이 보다 큰 비중을 차지하며 연기자들이 보다 자유자재로 무대 위를 뛰어다닐 수 있는 연기술을 터득하는 데는 첩경이라고 생각한 것이다.

또한 나는 지나친 문학성(文學性)과 '푹 젖으라'는 구호 아래 내세운 소박한 리얼리즘 연기가 우리의 연극을 선병질(腺病質)적으로 만들었다고 생각하고, 건강한 연극성(演劇性)을 회복하고 연극적 재미를 연기 속에서 되찾아야 한다고 생각한 것이다.

그렇다고 '역 속에 젖는다'는 생각을 한낱 아마추어리즘으로 돌리는 것도 잘못일 것이다. '역 속에' 젖는 것을 지나치게 소홀히 할 때 대본에서는 동떨어져 말초적인 기교에 치우치고 연기 이전의 체험이나 관찰을 소홀히 하게 된다. 그렇게 된다면 연극을 형식주의(形式主義)와 기교 만능론(技巧萬能論)으로 타락시킬 가능성이 없지 않은 것이다.

이렇게 볼 때 '역 속에' 젖어야 한다는 이론과 '역 위에' 서야 한다는 이론은 저마다 장단점을 지니고 있는 셈이며, 그 어느 쪽을 중요시하느냐에 따라 연기의 스타일이 달라지는 것은 사실이지만, 그렇다고 그 어느 쪽을 전적으로 무시한다면 절름발이 연기가 되기 쉬운 것이다. '역 속에'냐 '역 위에'냐, '감정동화'냐 '감정이화'냐, '감성'이냐 '이성'이냐는 식으로 따지고 분류하려는 것이 도대체 잘못일는지도 모른다. 정신과 육체적 통일체로서의 인간의 마음과 육체의 상호의존성(相互依存性)의 결과 마음에 일어나는 일은 육체에 어떠한 작용을 일으키게 마련이며, 육체에 일어나는 일은 마음에 반작용(反作用)을 일으키게 마련이다.

18세기 레싱의 ≪함부르크 극론(劇論)≫은 이 점에 대해서 주의를 환기시키고 있으며, 역 속에 푹 젖어 살아야 한다는 점에서 그 연기론을 전개한 스타니슬라프스키도 그 만년(晚年)에는 감정을 연기하려는 폐단을 지적하고 육체적 행동을 올바르게 논리적으로 구축하는 데 중점을 두었다.

무감성의 연기론을 펴 '역 위에'의 연기를 옹호한 디드로도 감성의 역할을 전적으로 배격한 것은 아니다.

"평범한 배우를 만드는 것은 날카로운 감성이다. 허구한 엉터리 배우를 만드는 것은 둔한 감성이다. 뛰어난 배우를 만드는 것은 감성의 배제이다."라고 말했을 때 그는 감성을 전적으로 배격한 것이 아니라 감성과 이성의 조화, 동화작용을 거친 연후의 이화작용에서 연기의 이상을 찾은 것이라고 보아야 할 것이다.

그는 그의 친구의 딸이었던 여배우 조당에게 보낸 편지에서 다음과 같은 말을 하고 있다.

"감각과 판단력밖에 갖고 있지 않은 배우는 차갑다. 기상(奇想)과 감성밖에 갖지 않은 배우는 미치광이이다. 인간을 숭고(崇高)하게 만드는 것은 양식과 열정(熱情)의 어떤 조화이다. 그러므로 당신이 갖고 있는 감정 이상으로 나오려고 하지 말라. 그 감정을 올바르게 표출(表出)시키도록 노력하라."

이러한 디드로의 말은 자기의 재능만을 믿고 기술적인 훈련을 무용시하는 연기자나 판에 박은 듯한 기교에 전적으로 매달리려는 연기자에 대한 적절한 충고라고 하겠다.

한 배우가 한 역을 창조한다는 것은 엄청난 인내를 필요로 하는 기나긴 작업인 동시에, 허구한 모순을 내포하고 있는 복잡한 작업이다. 셰익스피어의 주인공 햄릿도 이러한 힘든 작업을 감수하는 배우를 보고 '괴물스럽다'라고 감탄을 했지만, 연출자로서 배우들과 같이 작업을 하며 그들의 어려움을 뼈저리게 공감할 때가 한두 번이 아니다.

　감정이나 행동의 표현은 고사하고 그 긴 대사를 외우는 것만 해도 나로선 죽었다 깨어나도 불가능한 것으로 느껴진다. 그러한 작업을 순순이 받아들이는 배우들은 전생(前生)에 많은 죄를 져서 그 인과응보(因果應報)의 죄닦음을 하고 있는 것이 아닐까. 하여튼 배우의 작업에는 뭔가 숙명적(宿命的)인 집념이 있어야 한다. 오래 무대에 서면서 거듭 성숙해 가는 연기를 하는 배우야말로 존경받을 만한 예술가이다.

연출가의 작업

1. 연출의 역사

 연출가란 대체 무엇을 하는 것인가? 연출이란 연극에 있어 절대 불가결의 요소인가?

 오늘날 우리가 생각하는 것과 같은 연출가가 연극의 초창기부터 있었던 것은 아니다. 희랍 시대에는 희곡을 쓴 시인(詩人)이 연출가와 비슷한 역할을 했고, 동양의 연극이나 중세(中世) 연극에서는 연기자 중에 리더격인 사람이 연출가의 구실을 했다. 17세기 프랑스의 몰리에르 같은 사람은 희곡작가이자 배우, 그리고 극단의 리더로서 연출가의 역할까지도 했다고 한다. 그러나 그러한 경우 연출가라는 뚜렷한 분업(分業)의 내용이나 기능은 오늘의 연출가와는 상당히 거리가 먼 것이었다.

 희랍극이나 중세 연극의 경우 구경거리보다는 의식(儀式)으로서의 성격이 더욱 강했으며 따라서 연출이라기보다는 사제(司祭)의 성격을 띠고 있었다고 할 수 있다. 연극의 이미 정해진 약속, 그러니까 관객과 무대 사이에 이미 정해져 있는 집단적(集團的)인 약속에 따라 연극이라는 의식을 진행시키는 사제의 구실을 하면 되는 것이었다.

 사제가 아니면 오늘날 연극에 있어서의 무대감독의 구실도 했으며, 때로는 관객에게 줄거리를 이야기해 주고 관객이 떠들면 조용히 하라고 고함을 지르기도 하는 장내 정리자의 구실을 하기도 했다. 대사를 잊어버리면 무대 뒤에 숨어서 대사를 대주는 프롬프터의 구실을 하기도 했다.

그러니까 지난날의 연극은 그 종합 예술적인 성격에도 불구하고 그러한 작업을 총화하고 작품에 통일성을 주는 연출가가 필요치 않았다. 연출가가 없어도 어떠한 통일성이 관례와 약속에 의해서 이미 마련되어 있었다고 볼 수 있었던 것이다.

오늘날 우리가 생각하는 전문적인 의미에 있어서의 연출가는 19세기 말경부터 나타나기 시작했다. 프랑스의 류니에뽀, 영국의 고든 크레이그, 독일의 아돌프 아피아, 러시아의 스타니슬라프스키, 메이엘 홀트 등 강력한 개성을 지닌 연출가들이 나타나 마치 20세기의 연극은 연출가의 시대라는 인상마저 주게 되었다. 그들은 연극의 문학화(文學化)를 반대하고 배우의 스타적인 성격을 추방하려 들었다. 희곡을 쓴 사람을 극작가(劇作家)로 보는 것은 부당하며, 진정한 의미에서 연극을 만드는 사람은 연출가라는 생각을 연극 속에 내세우려 했으며 연극이 배우의 인기나 우연에 의해 좌우되어서는 안 된다고 생각했던 것이다.

그리하여 고든 크레이그는 초인형(超人形)으로서의

배우를 요구하고, 앙토넹 아르토는 하나의 시체(屍體)로서의 배우를 요구함으로써 배우가 연출가의 창조적(創造的) 재료(材料)가 되기를 원한 것이다. 이러한 고든 크레이그나 앙토넹 아르토의 선구적인 생각은 어떠한 의미에 있어서건 20세기의 모든 연출가들에게 결정적인 영향을 주었으며, 필연적으로 연출가의 시대를 오늘의 연극 속에 준비하게 된 것이다.

2. 리더로서의 연출가

오늘의 연극적 창조에 있어 연출가가 구심적(求心的)인 역할을 하는 것은 부정할 수 없는 사실이며, 여기에 따라 연출가의 기능 또한 지극히 다양해졌다고 하겠다.

희곡을 분석·연구하는 데는 학자여야 하고, 표현하는 데는 창조자, 다른 협조자와의 관계에서는 비평가, 연습을 이끌고 가는 데는 리더여야 한다. 그 가운데서도 연출가의 리더적인 기능은 지극히 중요한 것으로 그 리더십 여하에 따라 한 공연, 또는 극단의 운명이 결정되는 수가 많다. 특히 상업적인 연극이 아니라 우리나라에서처럼 주로 동인제 극단(同人制劇團)에 의해서 연극행위가 이루어지는 경우 더욱 중요하다고 할 수 있을 것이다.

우선 연출가는 행정적인 리더로서 배역(配役), 연습 시간의 배정, 다른 협조자, 즉 미술·음악·조명·분장·의상 등과 적절한 시기에 협의를 하고 상호 조화를 이루도록 해야 한다. 그 중에서도 배역은 연출가의 가장 어려운 작업의 하나이다. 물론 작품에 대한 해석, 연출 방향 등에 따라 이러한 배역은 이루어지는 것이지만 동인제 극단의 공연에 있어서의 배역은 선후배 관계, 인간 관계 등에 얽혀서 그렇게 단순하지가 않다.

'작은 역은 없다. 오직 작은 배우가 있을 뿐'이라는 말을 그들에게 상기시키지만 배우들의 불만과 반발이 전혀 없는 배역은 불가능하다고 말해도 과언이 아니다. 그래서 어떤 배우는 배역에 불만을 품고 극단을 떠나는 수도 있으며, 배역에 대한 불만이 연습 분위기를 망쳐 놓고 결과적으로 공연의 성과를 잡치게 만드는 경우도 없지 않다.

배우들의 이러한 반발이 옳은 것은 아니겠으나 그들 자신들의 입장에서 본다면 치열한 경쟁에 있어서의 자기 주장이라고 본다면 불가피한 일이라 하겠으며, 여기에 대해 연출가는 집단적 창조의 리더로서 확고한 리더십을 발휘해야 하는 것이다. 스타니슬라프스키가 말했듯이 연극인은 연극 속의 자기를 사랑할 것이 아니라 자기 속의 연극을 사랑해야 하며, 이 점을 그들에게 설득하고 강조함으로써 사소한 개인적인 욕심이 연극 전체를 깨지 않도록 해야 한다.

흔히 배역을 하는 데는 '타입에 따른 배역(Casting to type)'과 '타입에 반대되는 배역(Casting against type)'의 두 가지 방법이 있는 것처럼 이야기한다. '타입에 따른 배역'은 육체적 조건과 음성·인품 등이 형상화할 인물과 유사점이 있는 배우를 골라 배역하는 방법이다. 영화의 배역은 대체로 이런 방식에 따라 배역을 하며 배우는 어느덧 판에 박은 연기에 빠질 염려가 있다.

언제나 같은 타입의 배역을 맡게 됨으로써 매너리즘에 빠지게 되고 연기 생활에 있어 가장 중요한 창의력(創意力)과 상상력을 잃게 된다. 따라서 관객의 입장에서도 작품이 달라짐에도 불구하고 매너리즘의 연기를 통해 언제나 같은 인물을 느끼게 되고 따라서 신선한 매력을 상실할 위험이 있다.

'타입에 반대되는 배역'은 배우의 타입을 될 수 있는 대로 무시할 뿐 아니라 가능한 한 배역과는 정반대의 성격과 인품의 배우를 고르는 것이다.

이러한 배역은 배우의 창조력에 자극을 주고 배우 자신과 극단 전체를 매너리즘의 침체(沈滯)에서 구하는 수도 있다. '타입에 따른 배역'과 '타입에 반대되는 배역'은 저마다 그 장단점이 있겠으나 그 어느 한쪽으로 치우친다는 것은 좋은 일이 아니며, 이러한 방법을 적당히 조화시키는 동시에 연기자의 능력과 가능성을 충분히 앎으로써 올바른 배역이 가능할 것이다.

그래서 연출가가 배우들의 연기력을 충분히 알고 있을 때는 문제가 없지만 그렇지 못한 아마추어 연극이나 또는 프로듀서 시스템에 따라 그때그때 배우들을 모아서 배역을 할 때는 이른바 '트라이아우트(배우들의 테스트)'라는 것을 할 필요가 생긴다. 그리하여 연기자의 능력, 그 타입에 따른 고려 등으로 개개인에게 알맞는 배역을 해야 하지만 더욱 중요한 것은 배역의 전체적인 앙상블을 찾는 데 더욱 유의(留意)해야 하는 것이다. 이를테면 A라는 배우가 어떤 역에 적격이라고 할지라도 그 상대역에 따라 그 결과는 전혀 달라질 수 있을 것이다.

배역이 끝나면 연출가는 연습 일정과 연습 플랜을 세워야 한다. 연극을 연출하는 데 있어 가장 중요하고 어려운 것은 연습을 어떻게 조직하고 진행시키느냐는 문제이다. 연극 연습이란 각기 다른 개성을 지닌 인간들이 모여 밀도(密度) 있는 인간 관계 속에서 저마다 개성을 잃지 않으며, 공연이라는 하나의 목표를 향해 통일해 가는 작업이므로 기계적으로, 일률적으로 이루어질 수는 없는 것이지만 단계적인 과정을 미리 설정함으로써 한발 한발 착실히 목표를 향해 접근해 갈 수 있다. 텔레비전이나 영화의 경우와는 달리, 역을 너무나 쉽게 형상화하고 쉽게 표현하려는 배우들의 버릇은 경계해야 한다.

처음 연습을 시작할 때 벌써 어느 정도 비슷하게 역을 표현할 줄 아는 배우가 끝내 그 단계를 벗어나지 못하고 공연시 평범한 연기밖에 보이지 못하는가 하면 처음에는 너무나 역과는 거리가 먼 연기를 보이다가도 막이 오른 그 날에는 뛰어난 연기를 보여 주는 배우도 더 많은 것이다. 요는 한 달 내지 두 달 동안의 연습기간을 어떻게 효율적으로 이용하느냐에 따라서 공연의 성패(成敗)가 가름되는 것이다. 그러므로 연습기간을 통해서 부단히 달라져 가야 하며, 연출가는 자기가 생각하고 있는 연습의 구상(構想)을 배우에게 이해시킴으로써 연습을 능률적으로 이끌어 갈 수 있을 것이다.

배우는 연습의 각 단계에 있어 지금 무엇이 요구되고 있는가, 무엇이 과제가 되어 있는가를 알아야 한다. 연출가가 동작선을 긋는 데 열중하고 있을 때, 배우는 대사 분석에 열중하는 식으로 관심이 어긋난다면 능률적일 수 없을 것이다.

연습 과정은 대체로 다음 네 단계로 나눌 수 있다.

① **준비 및 책읽기** 배우에게 희곡의 사상, 구성, 연

출 방향 등을 이해시킨다.

② 동작선(動作繕)을 설정한다 인물의 등장·퇴장·위치·행동선 등을 연구해서 결정한다.

③ 세부적 형상의 추구(追求) 즉, 등장인물의 형상을 세부적으로 추구하는 동시에 주어진 역을 행동으로 어떻게 표현할 것인가를 연구하고 결정한다.

④ 앙상블의 추구 극 전체의 흐름과 앙상블에 중점을 두며 총연습을 통해 여러 요소(미술·음악·효과·조명 등)의 조화를 추구한다.

이러한 연습 단계가 엄격히 구별되지 않고 서로 약간 겹쳐서 넘어가는 것도 사실이지만 대체로 이러한 연습 단계에 따라 진행되는 것이 보통이며, 연출자는 이러한 각 연습 단계를 유기적으로 결합시키며 전체적으로 통일해 가는 연습 플랜을 미리 만들어야 할 것이다.

한 희곡을 무대에 올리기까지의 연습 과정은 지극히 어려운 작업이다. 한 달이 넘는 시일을 한발 한발 다가가야 한다는 점에서 끈기가 있어야 하며, 막상 막이 올랐을 때의 성과를 정확히 예측할 수 없으므로 그지없이 불안한 작업이기도 한다. 그러므로 연출자는 그러한 불안을 이겨내는 신념(信念)을 배우들에게 부여하여야 하며, 연습 분위기 속에서 낙천적이면서도 정열적 열기를 유지시키도록 노력을 해야 한다. 적어도 나의 경험으로는 연출가가 화를 내고 고래고래 소리를 지르는 것은 백해무익하며 배우에 대한 지나친 비판도 오히려 해로울 수가 있다.

그러나 연습 도중 우리가 선택한 작품을 헐뜯는 비판, 무대에 올릴 가치가 별로 없다는 식의 작품에 대한 중상(中傷)이 나왔을 때는 배우가 그러한 생각을 고치든지 아니면 그 배우를 연습장에서 추방한다.

한 작품을 무대에 올린다는 것, 또는 한 배우가 한 역을 형상화한다는 작업은 그지없이 힘든 작업이며, 그것이 참으로 보람있는 작업으로 받아들여지지 않는다면 거기에 필요한 인내와 정열이 나올 수 없기 때문이다. 한 작품을 대할 때마다 최선을 다하도록 격려하고 채찍질하는 것은 쉬운 일이 아니다.

3. 창조자로서의 연출가

예술가로서의 연출가의 역할도 연출가의 태도에 따라 그 성격이 달라지게 마련이다. 어떤 연출가는 희곡의 충실한 해설자로서 만족하는가 하면, 어떤 연출가는 희곡 자체도 부정하고 연출가로부터 연극적 창조를 출발시켜야 한다고 주장한다. 배우와의 관계에 있어서도 어떤 연출가는 배우를 연극의 핵심으로 생각하고 배우의 창조를 위한 협조자로서 만족하는가 하면, 어떤 연출가는 배우는 연출가의 단순한 재료로서 인형(人形)이나 시체여야 한다는 극단론을 펴기도 한다.

이러한 태도의 차이에도 불구하고 결국 희곡·배우·무대·장치·조명·의상 등 연극의 여러 요소는 연출가의 창조적 작업의 자료임에 틀림없으며, 시각적 수단과 청각적 수단으로 분류할 수 있다면 이런 것들을 통일·조화시킴으로써 연출가의 창조적 작업은 이루어진다.

시각적 수단으로는 무대·장치·조명·의상 등을 들 수 있겠는데 그것을 여러 요소로 분석해서 끈기 있게 하나하나 해결해 나가고 마지막에 거기에 통일성을 주어야 한다. 배우에서 유래하는 시각적 요소로는 몸짓·태도·위치·움직임 등을 들 수 있는데, 배우의 위치·움직임의 설정은 이른바 블로킹(Blocking)이라는 연습의 처음 단계에서 연출가의 작업에 의해 다분히 독단적으로 정해진다.

그러나 독단적으로 정해진다고 해서 멋대로 정해지는 것은 아니다. 연기자의 위치를 하나 정하는 데도 충분한 극적(劇的)·미학적인 고려가 있어야 한다. 다른 연기자와의 관계, 소도구와의 관계, 장치와의 관계, 시각적 구도(構圖)에 따른 문제 등등이 충분히 고려되어야 한다. 이를테면 어떤 인물에게 관객의 주의를 집중시키는 데에도 그 위치의 높이, 관객을 얼마나 정면으로 대하는가, 얼마나 무대의 전면(前面)에 나오는가에 따라서 달라진다. 동작선의 설정 또한 중요한 과제라고 하겠는데 이러한 배우의 동작선의 설정은 합리적이어야 할 뿐만 아니라 연극적인 효과가 충분히 계산되어야 한다.

무대상의 동작선은 자연스럽다고만 해서 충분하지 않으며 그들의 갈등을 시각적으로 형상화하는 데도 중요한 구실을 해야 한다. 분명하고 의미 있는 동작선이 되기 위해서는 그들의 갈등을 공간적(空間的)으로 완전히 남김없이 써서 움직여야 한다. 또한 연극의 스타일이나 장르에 따라서도 이 동작선의 성격은 달라진다. 희극이냐 소극이냐, 아니면 비극이냐에 따라서, 또는 낭만파(浪漫派) 연극이냐, 고전적 작품이냐에 따라서 동작선의 성격은 전혀 달라질 수 있는 것이다.

몸짓과 태도는 연출가가 일일이 간섭하기 보다는 연기자 스스로가 처리하는 것이지만, 연출가와 연기자의 협동 작업의 중요한 과제이다.

그러나 우리는 무대 위의 배우를 독립시켜 생각할 수 없다. 배우와 세트와의 관계, 소도구와 배우와의 관계, 의상과 배우와의 관계 등, 결국 배우를 중심으로 해서 다른 요소들과 관련시켜 시각적인 표현을 생각해야 할 것이다. 세트의 경우는 우선 출입구의 설정과 배우의 동작선은 직접적인 관련을 갖게 마련이며 배우가 움직일 수 있는 공간의 크기, 그리고 높이 등이 시각적 효과와 극적 효과의 양쪽 측면에서 충분히 계산되어야 할 것이다. 또한 소도구의 배치도 세트와의 조화에서 오는 구도만이 아니라 연기자의 행동 범위를 사전에 결정짓는다는 점에서 중요한 의미를 갖는다.

결국 연출가는 배우·세트·소도구·의상·조명 등 모든 요소를 동원해서 극적 의미(劇的意味)를 추구할 뿐만 아니라 필연적으로 공간 조형(空間造形)의 문제와 씨름을 하지 않을 수 없다. 마치 화가가 그의 캔버스에 그가 그리는 세계를 옮겨 놓듯 연출가는 무대라는 큰 공간에 시각적 조형을 추구해야 하는 것이다. 다만 연극의 무대는 어느 순간만 포착하면 정적(靜的)이지만, 끊임없이 변해 간다는 점에서 순수한 미술적 조형과 다른 것은 물론이다.

시각적 조형에 있어 그 기초를 이루는 것은 선(線)과 빛깔이라고 하겠는데 그 선과 빛깔을 선택하고 그것들을 유기적인 전체로 배치하고 조화시키는 것은 미술적인 작업이라고 하겠으나 다만 연출가의 시각적 조형에 대한 관심이 순수한 미술적 추구일 수는 없을 것이다. 이를테면 무대상의 어떠한 선(線)은 시각적인 면에서 아름다움을 추구하는 동시에 등장인물에게 관객의 주의를 집중시키는 것을 돕는다든가, 또는 등장인물의 심리적인 상태를 표현한다는 식으로 극적인 의미를 가져야 할 것이다. 빛깔의 경우에도 시각적 무상(無償)의 아름다움만을 추구하는 것이 아니라 등장인물의 심리적·극적 갈등을 표현한다든가 어떤 장면의 분위기를 표현하는 데 도움이 된다는 식으로 연극적인 효과가 아울러 계산되어야 할 것이다.

연출가의 창조를 위한 청각적 수단으로는 연기자의 음성과 대사 처리·음악·효과음 등을 들 수 있을 것이다. 오늘날 세계의 연극은 시각적인 면이 퍽 강조되고 특히 젊은 연극인들은 시각적 표현에 더욱 집착하는 감이 없지 않지만, '연극은 장님도 충분히 감상할 수 있다'는 말이 있을 정도로 청각적인 표현이 중요한 비중을 차지하는 것도 사실이다. 우선 일차적으로 의미를 전달하는 것은 대사라고 볼 수 있을 것이며 따라서 연출가는 연기자와 더불어 세밀한 대사 분석의 작업을 해야 할 것이고 작중인물의 성격과 관련해서 올바른 말투(발음·억양·템포 등)의 발견에도 힘을 써야 할 것이다. 효과음의 경우도 자연주의적 요구에 의한 효과음만이 아니라 극적 효과의 강조, 또는 심리적 표현 면에서의 효과음에 대해서도 충분히 고려해야 할 것이다.

그러나 연출가가 청각적 표현과 관련해서 보다 관심

을 가져야 하는 것은 시간의 조형에 관한 문제이다. 어떤 연출가는 연극은 '시간의 예술이다'라고 말할 정도로 연극에 있어 시간의 문제는 희곡의 구조와 관련해서 중요한 과제이며, 연출가의 작업도 희곡이 가지고 있는 시간의 구조에다 올바른 템포와 리듬을 어떻게 무대 창조에 부여하느냐에 그 성패가 달려 있다고 말해도 과언이 아닐 정도이다.

시간의 구조는 연극의 경우 흔히 세 가지 관점에서 검토된다. 첫째, 작품의 구조 자체의 시간의 구조로서 현실의 시간이 어떻게 예술적으로 변형되었는가 하는 것이 검토되며, 둘째, 관객과의 관계에 있어서의 시간의 문제가 고려되어야 한다. 연극은 일정한 시간에 관객과 한자리에서 공연됨으로 관객의 기억 능력이라던가 또는 육체적 능력 등도 고려되어야 한다. 셋째, 그러한 시간에 어떠한 흐름을 부여하느냐는 문제로, 여기에 예술가로서의 연출가의 기질이 드러나기도 한다. 시간의 길이·변화, 그리고 축적(蓄積) 등은 연극적 표현의 핵심이라고 할 수 있다.

연출가의 예술적 작업은 그지없이 다양하고 복잡한 성격을 띠고 있으며 그것을 분석해서 이야기한다면 한이 없을 것이다. 그래서 어떤 연출가는 무대의 시각적 조형에 뛰어나고 어떤 연출가는 청각적 표현에 뛰어나며 어떤 연출가는 연기자의 성격 창조에 뛰어 나다는 등 저마다의 특기가 있을 수도 있을 것이다. 그러나 어느 한쪽에 너무 치우친다는 것은 반드시 좋은 일이라고 할 수는 없다. 연출가는 풍부한 각 분야에 걸친 전문적 지식을 가지고 있어야 하지만, 궁극적으로 그의 창조력의 원천이 되는 것은 모든 예술가에 있어서와 마찬가지로 풍부한 상상력을 통해 무대 위에 창조될 연극을 머릿 속에 구상할 수 있는 능력이야말로 연출가의 작업의 기초가 되는 것이다.

풍부한 감수성과 비평 정신을 가지고 각 분야의 작업을 조정하고 조화시키면서 궁극적으로 자기가 구상하는 방향으로 연극을 이끌고 가는 연출가의 작업 또한 다른 예술적 작업에 있어서와 마찬가지로 끈질긴 인내를 요구한다.

20세기 연극의 모험

1. 현대 연극의 탈출로

20세기 전반부의 연극을 살펴볼 때 그것은 전위적인 시도의 연속선과 같은 인상을 받는다. 프랑스의 '자유극장'과 알프레드 자리의 〈유부왕〉에서 비롯한 미학적인 반항과 모반(謀反)은 폭풍이 폭풍을 부르듯 20세기 전반부를 스쳐갔다. 사실 이러한 전위적인 움직임은 파리의 부르봘이나 브로드웨이의 극장들을 거점(據點)으로 여전히 연극계의 흥행을 좌우해 오던 이른바 통속극의 도전에도 불구하고 현대 연극의 주류를 이루어 온 감이 있으나, 2차대전 이전까지만 해도 실험적인 성격을 벗어나지는 못했다.

그러나 이러한 전위극의 기수들이 반항적인 몸짓 속에 내세운 작품들 역시 어느덧 현대의 고전이 되지 않으면 한때의 허망한 유행으로서 까마득하게 망각될 운명을 지니고 있었다. 따라서 새로운 질서가 이루어지거나 아니면 공허(空虛)가 자리잡은 연극계에서는 그 질서의 파괴를 위해서, 또는 빈자리를 메우기 위해서 새로운 사조가 물결쳐 오게 마련인 것이다. 다만 그 물결이 어느 때보다도 걷잡을 수 없는 와류(渦流) 속에 휩쓸려 들어간 감이 없지 않으며, 전위극이 적지 않은 관객을 포섭하게 되자 실험적인 성격을 탈피하고 대중 속에 뿌리를 내리기 시작했다는 인상도 받게 된다. 한마디로 해서 어지러운 양상(樣相)이라고 할까…….

그것은 강렬한 개성과 확고한 연극 이론을 지닌 앙토넹 아르토의 영향 아래 1차대전 이후 전위로 나선 젊은 연극인들은 비단 미학적 모반에 그치지 않고 생(生)의 질서 자체를 파괴하고 수정하는 수단으로서 연극을 내세우는가 하면 '반연극(反演劇)'이라는 막바지에까지 줄달음쳤다. 또한, 현대 생활과 긴밀한 관련 아래 번성한 미국의 음악극, 부르발극의 기교와 전위극의 기교를 합치시킨 일련(一連)의 시도들이 프랑스에서 우선 적지 않은 상업적 성공을 거두는가 하면 동양 연극에 대한 비상한 관심과 브레히트의 연극은 새로운 대중극에로의 가능성을 암시하고 나아가 이러한 대중극의 구현으로 해마다 성행하는 야외극과 국제적인 연극제 등으로 해서 그지없는 혼미 속에 함입(陷入)한 듯이 보이지만 한편 새로운 연극 중흥을 위한 새로운 출발점이 어렴풋이나마 드러나 보이기도 한 것이다.

우선 프랑스의 아다모프, 이오네스코, 사무엘 베케트, 장 주네, 장 보티에 같은 작가들을 중심으로 해서 50년대에 싹트기 시작한 소위 반연극 운동이 수 년 내에 갑자기 세계적으로 논의되기 시작하고 있지만 연극의 새로운 방향을 암시하는 의미에서 앞으로 더욱 클로즈업될 것이 틀림없다. 그러나 이들 반연극의 작가들이 한결같이 똑같은 세계를 다루고 있는 것은 아니다. 어떤 점에 있어서는 그들은 전혀 대조되는 작가들일지도 모른다. 다만 그 줄기는 다를지라도 같은 뿌리와 토질(土質)에서 자라난 것이라고 단정할 수 있는 것이다.

구태여 그 공약수를 찾아본다면 우선 순수공간의 설정을 들 수 있을 것이다. 이를테면 베케트의 〈고도를 기다리며〉에서 등장인물이 말하는 것처럼 '묘사할 수 없는' 또는 '아무것도 닮지 않은'곳을 무대 위에 설정하는가 하면, 이오네스코는 '공허'와 '과잉(過剩)'의 두 세계로써 현실세계를 대치하려 든다.

이러한 시도는 시적(詩的)인 경험과 인간 본래의 '신성(神性)'에 대한 갈증에서 우러나온 순수창조에 대한 의욕에서 나온 것이라 하겠으나, 결과적으로는 연극의 하나의 본질적인 요소인 모방 자체를 부정하는 것이 된다. 또한 그들은 언어의 통속적인 기능을 부정하고 언어 이전(以前)의 원시 상태로 환원시키려 하는가 하면 언어를 사물처럼 취급하고 마침내는 파괴하려 든다. 그리하여 이러한 순수공간의 설정에 따라 무대 자체가 상실되고 언어와 대화, 나아가서는 그 비극의 대상 자체를 파괴함으로써 '반연극'에 이르는 것이다.

이렇게 생각할 때 반연극 운동은 심리극에 지친 유럽

연극의 자포자기와도 같이 느껴진다. 그러나 역설적으로 반연극 운동은 연극 원래의 상태로 되돌아가려는 의지에서 튀어나온 것인지도 모른다. 이야기 줄거리와 심리분석의 연극으로부터 탈피하여 원시사회에서 무당이 하던 역할을 사회에서 연극이 맡으려 들고 제천적(祭天的)인 성격을 되찾으려 한 것이다. 결국 그들의 작품이 매우 새롭게 느껴지는 것은 그 언어와 형식면의 개혁에서 기인한 것이며 그 주제는 연극의 역사와 더불어 비롯한, 즉 '인간의 내적(內的) 진실'의 추구 같은 것이 아닐까······. 다만 그들은 이러한 인간의 내적 진실을 실화나 현대의 신화로서 엮으려고 한 것이다.

이를테면 이오네스코의 〈아메데〉는 막이 오르면 아메데와 마르틴느 한쌍의 부부가 합리적이며 정상적인 생존을 유지하려 든다. 그러나 옆방에서는 옛날에 남편이 죽인 인간의 시체가 성장해 간다. 그리하여 이 시체는 부부의 불행·근심·가난·실패 등을 비료로 해서 잡초처럼 끈질기게 퍼져나가 아파트 전체를 점유(占有)하려 든다. 이 시체로부터 어떻게 해방될 것인가, 이오네스코의 인물들은 이처럼 자문(自問)한다.

그러나 그들은 해답을 얻지 못한다. 그들은 이 종기(腫氣)를 없애려 하면서 오히려 서로를 헐뜯어야 한다. 또한 이 고통스러운 존재야말로 그들을 결합시킨 요인이기도 한 것이다. 우리는 이 단순하고 거의 원시적인 작품 속에서 무엇을 찾아볼 수 있을 것인가. 어쩌면 이 작품의 두 주인공은 아담과 이브에서 그 모델을 취한 것이며, 시체는 인간 결함(缺陷)의 구상화일지 모른다. 그러나 그에 대한 해석은 관객의 자유인 것이다. 이오네스코 자신은 작품의 공연에 즈음하여 다음과 같이 말하고 있다.

"이 작품은 어떤 신문에서라도 찾아볼 수 있는 일상사(日常事)를 이야기하고 있다. 그것은 우리들의 누구에게나 일어날 수 있는 평범한 이야기이다. 이 작품은 생의 단편이며 사실주의적인 희곡이다."

그러나 그가 말하는 사실주의는 이른바 사회적 현실을 표현하는 것이 전부인 사실주의가 아니라 사랑·죽음·놀라움·고통·꿈과 같은 한층 심오(深奧)한 인간의 현실을 추구하는 사실주의라는 것이다. 그렇게 보면 주네의 〈하녀들〉 역시 인간의 밑바닥에 깔린 현실을 추구해서 이른바 사르트르적인 실존의 양식을 모색한다. 또한 그는 진실과 허위의 숨바꼭질을 무대상에 교묘하게 엮어낸다. 마치 '그는 이 지방 사람은 거짓말쟁이라고 한다. 그런데 그는 이 지방 사람이다. 그러므로 그는 거짓말을 한다. 그러므로 이 지방 사람은 거짓말쟁이가 아니다. 그러므로 그는 정말을 말했다. 그러므로 이 지방 사람은 거짓말쟁이다. 그러므로 그는 거짓말을 한다. 등등'과 같은 말의 유희처럼 진실과 허위의 사이를 윤회(輪廻)하는 인간의 현실을 풍자하려 든 것이다.

우리나라에서도 시연(試演)된 바 있는 사무엘 베케트의 〈고도를 기다리며〉는 기다림에 지친 인간의 조건과 숙명을 예언하려 들고 있는데 비단 거기에 그치지 않고 새로운 가치관을 제시하려 든다. 사실 따지고 본다면 몹시 괴팍스럽게 느껴지는 이들 반연극 작가들의 시도(試圖)가 기실에 있어서는 인류 역사에서 문화적인 신진대사를 이룩하려는 매우 건강한 노력인지도 모른다.

그들은 기성질서와 가치관에 끝없는 회의를 품는다. 이 회의에서 그들의 새로운 현대의 신화는 출발하였고, 또 거기에서 그들의 새로운 가치관을 모색할 때 그들의 회의는 긍정적이 되는 것이다. 그러므로 반연극은 퇴보하고 타락한 부르주아 미학을 연극에서 추방하고 새로운 활로를 찾아 주려는 긍정적인 실험인 것이며, 비록 튼튼한 미학적인 뒷받침을 마련하고 있지는 못하지만 기성질서와 나아가 생의 질서 자체를 파괴하려 드는 영국이나 미국의 '성난 젊은이'들의 작품과 더불어 앞으로의 연극의 희망적인 성좌(星座)들이라 할 것이다.

한편 유럽 쪽의 오페레타, 보드빌 또는 레뷔에서 싹이 튼 미국의 음악극은 단순히 화려한 스펙터클에 그치지 않고 민요나 흑인음악을 도입하여 긴밀히 구성된 연극적 테마와 플롯을 갖추고 그것을 연기와 음악과 무용의 유기적 통일 속에 표현하는 연극의 하나의 장르로서 발전되어 왔다. 리처드 로저스가 말한 것처럼 '음악이 율동과 같이 정서를 갖고 노래가 시가 되고 장치가 미술이며, 무용이 의미를 갖는' 새로운 연극형식으로 2차 대전 이후 미국에서는 더욱 유행하게 되고 〈팔 조이〉〈오클라호마〉〈부리가둔〉〈남태평양〉과 같은 걸작(傑作)이 나왔다.

이처럼 미국의 음악극이 많은 관객을 흡수한 것은 그 표현수단의 다채로움과 현대적인 감각이 결부된 데서도 오겠지만, 그보다도 미국의 생활감정에 뿌리를 박은 이야기에 민속적인 음악의 의상을 입히고 미국인이 지닌 꿈과 향수·동경(憧憬)을 하나의 융합된 형식 속에 짜넣은 데 기인할 것이다. 이러한 미국의 음악극은 넓은 관객층을 동원하고 있으며 모든 연극적 수단을 교묘하게 이용하고 있는 파리의 새로운 부르빨극과 더불어 현대 연극의 또 하나의 탈출로로서 기대가 되기도 한다. 물론 이 두 경향의 작품들이 한 시대에 미국이나 프랑스의 생활감정 속에 깊이 뿌리를 박고 있기 때문에, 이를테면 셰익스피어의 비극이나 몰리에르의 희극에서 찾아볼 수 있는 초시대성(超時代性)과 범세계성(汎世界性)

을 찾아볼 수 있을는지는 의문이다.

　이러한 어지러운 연극의 탁류(濁流)가 부질없는 혼돈이 아니라는 것을 주장하기 위하여 연극인들이 어느 때보다도 분발한 것 또한 사실이다. 그러한 노력이, 타락하여 가는 연극을 시적인 또는 형이상학적인 높이로 끌어올리려는 반연극으로서 나타나고 영화나 텔레비전에 비해 열세에 떨어진 연극의 상업적인 시세(時勢)를 만회하기 위한 음악극 또는 혁신된 부르빨극으로서 나타난 것이다.

　그러나 그들은 보다 근본적인 연극 혁명을 준비하고 있다. 그것은 소규모의 미학적 반란에 만족하지 않고 비극적인 인간의 신화로서의 연극을 되찾으려 드는 것이다. 안이한 부르주아의 동면(冬眠)에서 깨어나 새로운 도시의 신화로서 연극을 충만시키려는 것이다. 그것이 바로 세계의 곳곳에서 개최되는 국제적인 연극제와 야외운동을 기반으로 하여 부르짖기 시작한 대중극(大衆劇) 운동인 것이다.

　오늘날 백만의 새로운 고정관객을 획득한 프랑스의 대중극 운동은 어떠한 방법으로 실천되어 왔는가. 그것은 연극과 관객과의 관계를 개량(改良)하는 데서부터 출발하였다. 최근까지만 해도 연출자나 연기자들이 관객을 접촉하는 것은 오로지 작품을 통해서일 뿐 직접적인 접촉은 전혀 없었으며 연극은 한낱 구경거리밖에 되지 않았다.

그것은 순전히 상업적인 관계이며, 연극의 형식(프로시니엄 시어터) 또한 연기자와 관객 사이에 일정한 거리를 강요하였다.

그리하여 관객들은 그들의 푹신한 좌석에서 졸기 시작하고, 연극은 정신적인 타락과 금전적인 파산에 직면하게 된 것이다. 이러한 위기를 극복하기 위해 우선 연극을 상업적인 타성(惰性)에서 해방하고 새로운 연극의 이념에 따라 연출자와 연기자를 통해 더 밀접한 유대(紐帶)를 연극과 관객 사이에 이루어야 한다고 생각한 데서부터 이러한 대중극 운동이 싹트기 시작한 것이다. 그것은 모든 관객에게 한 작품의 창조에 스스로 참가하고 있다는 느낌을 불어넣어 주고, 연극의 성질과 그 본질을 선교사적인 정열을 가지고 전도하려는 움직임이기도 하였다.

장 비랄이 거느리는 '프랑스 대중극장'은 파리를 중심으로, 장 다스데가 거느린 '알프스 극장'은 그르노블을 중심으로 이러한 운동을 폈고 적지 않은 성과를 거두었다. 그리고 여기에 자극을 받은 많은 극단들이 그 뒤를 따르기 시작함으로써 더욱 본격화되어 가고 있는 것이다. 장 비랄은 우선 사무실·공장, 특히 노동조합의 내부(內部)로 파고 들었다. 비랄은 몇 명의 연기자와 더불어 직접 직장으로 찾아가 관객들을 직접 대면하고 연극을 이해시키며, 자기 극단에 흥미를 느낄 수 있도록 시도하기도 하였다.

그리하여 점차 연출가와 연기자들은 스스로 강연자가 되지 않으면 안 되었다. 이러한 유기적인 관계가 극단과 관객 사이에 이루어지자 관객들은 한걸음 나아가 문화 전반에 걸친 양식(糧食)을 연기자로부터 구하려 들고, 연극에 그들의 생활이 관련을 맺도록 할 뿐 아니라, 연극이 그들의 생활에 직접 연결되기를 원하기도 하였다.

한편 관객들은 이제까지 상업적인 극장에서 취해 오던 무관심한 태도를 버리고 적극적인 반응을 보이기에 이르렀다. 결국 연극인들은 그들의 노력의 대가로서 대중의 밑바닥에 흐르고 있는 정신적인 줄기를 관객의 적극적인 반응 속에서 찾아볼 수 있게 된 것이다. 사실 프랑스 대중극장의 레퍼토리는 대중의 갈증에 최대한으로 영합하려 하고 있다. 그러나 대중의 흐름에 영합하려는 반면 그에 따르는 위험성을 충분히 인식하고 있다. 즉, 그들은 그들이 책임질 수 없는 흐름에 휩쓸려 들어가는 것을 경계하고, 아무리 원칙이 훌륭해도 그들의 행동이 선동적(煽動的)이 되어서는 안 된다는 것을 잘 알고 있는 것이다.

이러한 위험성을 미연에 방지하기 위해서는 순수한 연극적인 교양을 관객에게 주입시킬 필요가 생긴다. 장 다스테는 이러한 필요성에 응해서 연기자들을 여러 팀으로 나누어 각급 학교, 교원 단체에 파견하여 연극이 결코 하나의 수단이 될 수 없는 인류의 위대한 문화적 유산이며 가장 독창적인 예술이라는 것을 실제적인 연극의 교양을 통해 인식시키려고 하였다.

그 구체적인 방법으로는 한 인물이 무대 위에 형상화되는 과정을 실제로 보여 주기도 하고, 전설이나 우화를 가면·인형·소도구 등 간단한 연극적 표현수단을 써서 들려 줌으로써 연극의 본질을 이해시킨다든지, 어떤 희곡의 일부만을 실연(實演)해서 그에 대한 의견을 조사하기도 하는 것이다.

이러한 실험은 이미 광범위한 성과를 거두고 있다. 해마다 장 비랄의 주도 아래 열리는 아비뇽의 청년연극제, 파리의 세계 연극제 등이 거두고 있는 성과와 더불어 진실한 의미에 있어서의 대중극의 가능성을 보여 주고 있으며, 세계 연극계에 새로운 지평(地平)을 마련해 주고 있는 것이다.

사실 따지고 보면 반연극의 전위적인 시도 또한 오랜 시일을 두고 세계 연극계에 메아리치던 구호(口號)〈대중극(大衆劇)의 마술적인 가능성을 위한 실험〉이라고 보아서 안 될 것은 없다. 그들의 용기와 예지(叡智)로써 꿰뚫고 간 한 줄기 외길, 그것은 현대연극의 유일한 탈출구일지도 모른다.

2. 전위극(前衛劇)의 생리

전위예술이라는 말은 언제나 많은 중상과 오해를 불러일으켰다. 문학에 있어서의 전위란 알 수 없는 내용을, 문법이 엉망인 문장으로 늘어놓은 것을 말하고, 음악에 있어서의 전위란 해괴망측한 잡음을 의미하며, 회화의 경우에는 국민학생 그림만도 못한 멋대로의 그림이고, 연극의 경우에는 부질없이 무대에서 배우들이 옷을 벗는 것이 고작이라는 것이 이른바 전위예술에 대한 중상의 골자라 하겠다.

전위적인 것에 대한 비난이 근거 없는 이야기라고 할 수는 없다. 전위예술을 표방한 허다한 예술적 행위가 글자 그대로 하나의 스캔들로 끝났으며, 전위적인 것을 내세운 허다한 전위적 예술가들이 기실 대중의 유행심리에 영합하려는 사이비 예술가였음을 우리는 목격해 왔기 때문이다. 그러나 모든 전위적 예술이 스캔들 자체로 끝나 버린 것은 아니다. 그 시대의 예술에 활력소 역할을 하거나 그 자체가 시간의 흐름에 따라 새로운 고전으로서 평가되는 경우도 얼마든지 있는 것이다. 이를테면 50년대 초 이오네스코의 〈대머리 여가수〉, 베케트의 〈고도를 기다리며〉 등이 파리 무대에 처음 공연되었을 때, 대부분의 관객들은 이게 무슨 개수작이냐고 분노를 터뜨리고 의자를 던지는 난장판이 벌어졌으며, 연극평론가들 역시 일제히 일고의 가치가 없는 것으로 단정했었다.

그러나 20년의 세월이 흘러간 오늘날 베케트는 노벨상을 수상하고 이오네스코는 전위적 예술가와는 너무나 거리가 먼 프랑스 아카데미의 회원이 되었다. 이러한 사실은 전위적인 예술작업이 하나의 스캔들로, 좋게 말해서 하나의 실험으로 끝나 버리는 경우도 없지 않지만 당시의 가장 전위적인 작업이 시간의 흐름에 따라 고전이 되는 경우도 얼마든지 있다는 것을 입증해 준다. 결국 모든 시대의 예술은 적어도 전시대의 예술에 비해 전위적 성격을 띠고 있어야 창조적 의미를 발견할 수 있는 것이 아닐까. 여인들의 스커트 길이처럼 변덕스럽게 유행을 좇는 것도 곤란하지만 적어도 예술작품이란 '새로움'을 지니고 있어야 한다는 점에 있어서는 전위적인 성격을 띠고 있어야 할 것이다. 전위예술이란 이렇게 볼 때 그 시대와 상대적인 의미를 가지고 있다고 볼 수 있겠으며, 모든 시대에는 그 시대의 전위적인 예술가가 있었다고 볼 수 있을 것이다.

그러니까 모든 시대의 예술에는 그 시대의 전위, 즉 아방가르드(前衛隊)가 있었다고 볼 수 있겠는데 다만 아방가르드라는 군대용어가 예술분야에 쓰이게 되고 그 개념이 뚜렷해진 것은 20세기에 들어서가 아닌가 한다. 결국 르네상스에서 발원하여 19세기에 이른 자연과학 중심의 지성의 문학에 대해서 깊은 뿌리를 내리기 시작한 자연주의적 리얼리즘, 부르주아의 구미에 아첨하는 상업주의에 대해서 회의를 품고 그 고정관념에 대해서 불신을 외치는 데서 아방가르드는 싹트기 시작한 것이다. 그리하여 20세기의 연극을 끊임없는 모반과 모험 속에 끌어들인 것이다.

전위극을 논할 때 1896년 파리에서 상연된 알프레드 자리의 〈유부왕〉을 흔히 그 시조처럼 이야기하는데, 이 작품에는 오직 반항과 도전의 행동적 표현이 있을 뿐 종래의 연극에서 볼 수 있었던 연극적 재미나 줄거리 같은 것은 찾아볼 수 없다. 자리는 부르주아의 가치관과 종래의 극장 관습을 '빌어먹을(Merde)'이라는 욕지거리로 부정하고 나선 것이다. 소위 예술적 감상을 위해 점잖게 차리고 온 선남선녀들에게 욕지거리를 퍼부어 당황케 한 것이다. 기성질서를 부정하고 그 파산을 외칠 뿐 아니라 안식과 이해를 찾으러 온 관객들에게 도전하려 든 것이다. 관객들이 작품을 쉽게 이해하고 그리하여 만족감을 느끼고 집으로 돌아가는 것보다는 어리둥절하고 불안해서 집으로 돌아가기를 바란다고나 할까.

〈유부왕〉에서 엿볼 수 있는 이러한 반항정신과 모반적 성격은 전위극의 기본적인 자세라고 볼 수 있을 것이다. 그들은 모든 기존질서와 가치관을 부정하고 거기에서 그들의 새로운 출발점을 마련하려 들었다. 이른바 근대문화의 주지적(主知的) 경향과 자연주의의 전제에 대해서 반기를 들고 신비·직관·행동·의욕같은 것을 옹호하고, 근대에서 제거되거나 부정되었던 자유로운 창조적 인간상을 추구하려 든 것이다.

전위연극의 또 하나의 중요한 특성은 추상성(抽象性)과 애매성(曖昧性), 거기에서 유래하는 난해성을 들 수 있다. 문학이나 미술의 경우도 마찬가지이지만 전위극의 경우도 무엇을 말하려는 것인지, 무엇을 다루었는지 알 수 없다는 게 일반 관객의 불평일 수 있다. 그러나 이러한 불평이 그들 전위적 연극인들이 바라는 바일는지 모른다. 그러한 불평은 예술을 합리주의와 자연주의적 척도로 재려는 데 원인이 있다고 하겠는데, 전위극은 그러한 척도를 부정한 데서 출발했으므로 난해한 것은 당연하다고 하겠다. 예술이란 어떤 분명한 현실을 닮거나 의미할 필요가 없다는 것이 그들의 주장이고 보면 그러한 난해성은 당연한 귀결인 것이다.

장 폴 사르트르가 '인간(人間)은 있는 것이 아니라 자기를 만드는 것이다'라고 말했듯이 전위극은 인간을 만드는 존재, 형성하고 구축하는 존재, 행동하고 변혁하는 존재로서 발견하려고 한다. 만들어진 인간, 민족과 시대, 그리고 환경에 의해 결정된 존재로서의 인간이 아니라, 창조적 인간으로 예술에 투영(投影)됨으로써 정확한 묘사라는 개념을 떠나 현실과 자연에 대치하는 연극의 세계를 창조하려 드는 것이다. 이를테면 전위적인 무대는 어떤 구체적인 장소를 표현하지 않고 흔히 하나의 추상적인 지점을 표현한다.

지구상의 어떤 공간과 어떤 사건과도 관련 없는 추상적인 장소—이를테면 베케트의 〈고도를 기다리며〉의 배경은 등장인물의 한 사람 브라디밀이 '묘사할 수 없어, 아무 데도 닮지 않았으니까. 아무것도 없어, 한 그루 나무가 있어'라고 말하듯이 한 그루 나무가 있는 풍경, 그러니까 일상적인 생활의 배경과는 전혀 관련이 없는 배경인 것이다. 어떠한 개념이나 관습에 때묻지 않은 공간, 그것은 하나의 공허와 같은 위치라고 하겠다.

이오네스코의 경우에도 그의 작품의 배경이 되는 응접실이나 서재는 어떤 현실적인 응접실 또는 서재라는 개념만을 따온 추상적인 장소로서 베케트의 경우와 비슷한 의미를 갖는다. 결국 이러한 추상에의 경향은 현실의 단순한 모방이 아닌 예술가의 창조적 비약을 위한 몸부림의 표현이라고 하겠으며, 이러한 추상성은 구상적인 것에 비해서 보다 많은 것을 암시할 수 있고 자연히 다각적인 의미를 가질 수 있게 된다. 전위극의 난해성과 애매성은 여기에서 기인한다.

그러나 전위극의 애매성 내지 난해성이 이러한 추상성에만 기인하는 것은 물론 아니다. 전위적인 연극의 또 하나의 중요한 특징이라 할 수 있는 부조리성에도 기인한다고 볼 수 있을 것이다. 마틴 에스린이라는 헝가리 출신의 영국 연극이론가가 《부조리의 연극》이라는 책을 쓴 이래, 전위극과 부조리의 연극이 불가분의 관계에 있다는 것을 누구나 시인하게 되었다.

사무엘 베케트, 유젠 이오네스코, 아서 아다모프, 장 주네, 해럴드 핀터, 귄터 그라스, 막스 프리슈, 페르난도 아라발 등 전위적인 성격을 띤 현대극의 챔피언들이 본인들이 원하건 원하지 않건 '부조리의 연극'속에 분류될 수 있겠다. 물론 그 부조리성에도 각기 다른 의미가 있겠지만, 적어도 종래의 연극에서 볼 수 있었던 분명한 동기와 결과라는 인과응보의 공식에 따라 분명하게 재단된 드라마를 거부하고 현실이 지니는 부조리를 그대로 드라마 속에 도입하려는 데 공통성이 있다고 하겠다.

이 밖에 전위극의 특징으로서 '순수 창조에의 의지'라든가 '비합리에의 정열' 같은 것을 이야기할 수도 있을 것이다. 순수 창조에의 의지는 예술적 작업이 모방에의 본능이나 유회본능(遊戱本能)에서 유래한 것이 아니라 죽음을 초월하려는 일종의 '신성에의 욕구'에서 유래한 것이라고 볼 때 넓은 의미에서 '시적인 것'의 추구 같은 것이라고도 볼 수 있다. '비합리에의 정열'은 원인과 결과가 분명한 종래의 드라마가 억센 서구 합리주의 정신의 소산이라면 전위극은 이러한 합리주의에 대한 반발에서 비롯되었다고 볼 수 있을 것이다.

비합리주의 예술운동의 단적인 표현이라고 할 수 있는 다다이즘은 그 자체로서는 하나의 돌풍처럼 사라져 갔을지 모르지만, 예술의 각 분야에 커다란 영향을 미치고 새로운 지평선을 열어 준 것 또한 부정할 수 없다. 기성의 권위와 우상을 예술의 영역에서 추방하려는 아우성이라고 할 수 있는 다다의 정신은 연극에도 철저한 정신의 자유, 표현의 가능성을 제시해 주었다. 새로운 연극인들은 합리주의의 양산을 거부하고 이성의 중개를 떼어 버리고 꿈과 광기와 폭력의 세계에서 보다 순수한 인간성과 그 정신의 자태를 찾으려는 것이다.

'반항과 모반', '몽매성과 추상성', '순수 창조에의 의지', '부조리성', '비합리에의 정열' 등을 전위적 연극의 특징, 그 생리로 볼 수 있다면 또 하나, 관객과의 관계에서도 새로운 개혁을 요구하고 있다. 즉, 연극을 단순한 구경거리로 생각, '프로시니엄 아치'를 통해 무대를 바라보는 것은 실 생활의 단편이라는 19세기의 '일루전의 연극관'은 매스 미디어의 시대를 맞이해 수정되지 않을 수 없었던 것이다. 영화나 텔레비전의 화면은 연극에서보다 훨씬 강한 설득력 있는 일류전을 제공해 주며 타인의 생활을 들여다보는 '마법의 창'이라고 할 수 있는 것이다. 따라서 이러한 강력한 경쟁자를 만난 연극은 매스 미디어에서는 얻을 수 없는 생생한 체험의 영역을 개척할 필요가 생긴 것이다.

1차대전 이후 브레히트나 표현주의자들은 무대가 실생활을, 현실을 사실적으로 충실히 재현하는 장소가 아니고 배우가 관객에게 인간의 감정을 직접 보여 주는 연단(演壇)이라는 이념을 추구했다. 그것은 사회적으로 유용한 지식을 주는 강의실 또는 실험실이라고도 말할 수 있을지 모른다. 프랑스의 앙또넹 아르또는 30년대 중반에, 배우와 관객 사이의 장벽을 부숴야 한다고 주장했고 최근 '세컨드 시티' 같은 연극 그룹은 즉흥과 관객의 참가에 그들의 초점을 맞추는가 하면, 폴란드 출신의 전위적인 연출가 그로토프스키도 이 문제에 비상한 관심을 보여 매 공연마다 관객을 위해 새로운 공간을 설계하고 그것을 무대의 일부로 사용하려 든다.

결국 '세컨드 시티'의 그룹이나 그로토프스키는 관객의 보다 적극적인 참여를 추구한 것이며 관객을 극적 체험의 내부로 끌어들이려고 시도하는 것이다. 브레히트의 연극 및 부조리 연극에 있어서의 '이화의 효과' 또한, 일루전의 연극에 있어서의 일체화의 과정에 있어서 보다 더 깊은 차원에서 관객의 참가를 요구한다고 볼 수 있다.

이러한 운동의 공통점은 무대상에 일어나는 일이 실생활의 일류전이라는 관념을 폐기시키고 관객을 일상생활의 세계와 똑같이, 아니면 그 이상으로 리얼한 새로운 리얼리티의 일부로 형성하려는 것이다. 이러한 각도에서 이른바 '해프닝' 연극도 이해될 수 있을지 모른다. 이렇게 본다면 전위극을 그저 난해하고 허황된 것의 대명사라고만 볼 수는 없다. 결국은 오늘의 생활과 밀착해서 이루어진 것으로 좋건 싫건 그 시대의 요구와 약속을 간직하고 있다고 보아야 한다. 다만 전위극이 상식적인 심미관과 인식을 앞서 가고 있다면 그 이해를 위해서도 하나의 비약이 요구되는 것은 당연한 일이다.

3. 전위극의 기교

모든 시대의 연극은 각기 그 특유의 기교를 지니고 있다고 말할 수 있다. 즉, 그 시대의 관객의 이해력과 연출가가 향유(享有)할 수 있는 방법—무대조건·조명·효과 등—에 따라 변천해 가는 것은 지극히 당연한 일이라 하겠다. 또한 관객과 작가 사이에 은연중에 이루어지는 약속 같은 것이 그 기교의 생리를 결정하는 수도 있을 것이다.

전위극이란 첫째로 종래의 연극으로부터의 이탈 내지는 이의 거부를 의미하는 극계의 '콜롬보'들이라고 말할 수 있다. 이러한 영토의 확대에 따라 새로운 기교, 이를테면 새로운 질서가 요구되는 것은 필연적인 일이다. 이러한 점에서 전위극 운동에서 시도되는 새로운 기교들을 이오네스코, 베케트, 아다모프, 탈뒤, 보티에 등 프랑스의 전위적인 극작가들을 통해서 살펴보기로 하겠다.

도대체 기교란 그 내용을 떠나서는 존재할 수 없다. 따라서 전위극의 기교면에 있어서의 개신(改新)도 그 내용의 개신에 따른 불가피한 것이며, 이를 내적인 요인으로 든다면 전위극이 지니고 있는 또 하나의 숙명, 즉 경제적인 불안은 새로운 기교를 요구하게 된 외적인 요인이라고 볼 수 있을 것이다.

우선 이를 무대장치면에서 살펴본다면, 타성화한 관객의 취미에 아첨하기 위한 종래의 부르주아극의 호화로운 장치를 부정하고 인간과 도시의 새로운 신화(神話)를 창조하려는 연극 본래의 사명을 위해 새로운 입지조건을 모색한다. 이런 경향은 무대의 시적 조형(詩的造形)으로서 나타난다. 프랑스 연극계에서 '시적'이라는 말은 '순수 창조'라는 의미로서 쓰인다. 즉 '시'란 인간이 신(神)과 같은 존재가 되어 이룩하는 '창조'를 의미하는 것이다. 이러한 '순수한 창조'를 위해 작자는 무대에 '공허'를 설정한다. 현실의 어떠한 개념이나 관습에도 때묻지 않은 순수한 공간(空間).

이리하여 이들 전위극 작가들의 무대는 완전한 하나의 공허가 아니면 어떤 추상적인 지점으로 표현됨으로써 관객들에게 낯선 공간, 현실을 전혀 닮지 않은 공간이 된다.

아다모프가 〈라 파로디〉에서 '검고 하얀 인상만을 주어라……. 연출은 낯설고 괴이함을 강조하여야 한다'라고 말한 것은 이러한 점을 잘 설명하고 있다고 하겠다. 그러나 전위적 작가들의 장치에 대한 이러한 태도는 비단 내적인 요구에서만 이루어지는 것은 아니다. 외적인 조건, 즉 경제적 조건에서 하나의 이론이 전개되기 시작했다고 말해도 과언이 아닐 것이다.

20세기의 전위극 운동의 시조라고 볼 수 있는 알프레드 자리의 〈유부왕〉의 무대장치만 보더라도 '아무 곳도 아닌 곳'이라고밖에 표현할 수 없으며, 침대 곁에 나무가 자라고 푸른 하늘에서 눈이 오는 식의 엉뚱한 조작이나 가능한 한 시대착오적인 의상이라든가 마네킹을 배우 대신 등장시키는 것과 같이 일반 관중을 아연케 하였던 그의 기교는 이른바 그의 형이상학적인 모반을 구상적인 사물로써 표현하려는 의도에서 온 것은 틀림없으나, 한편 금전적인 지상명령이 그러한 기교를 강요하였다고도 볼 수 있는 것이다.

물질적인 가난과 정신적인 폭동(暴動)이 교차된 지점에서 전위극의 기교는 출발한다. 그러나 그 무대는 1차대전 이후 금전적인 이유로 시도했던, 조명을 광범위하게 이용한 이른바 분위기의 무대와는 성격이 다르다. 상징적인 무대가 아니라 그것은 무한한 가능성, 미지수의 영토(領土)로서 존재하는 것이다.

베케트의 작품 〈고도를 기다리며〉의 한 그루 나무가 서 있는 시골길이나, 〈승부의 종말〉의 지하실은 시간과 공간 밖에 존재하는, 임의로 정해진 추상적인 하나의 위치인 것이다. 이와 마찬가지로 이오네스코의 작품에 나오는 응접실·사무실·광장 등은 어떤 현실적인 응접실이나 사무실이 아니라 그러한 유형에 속하는 막연한 공간인 것이다. 그러므로 무대는 아무런 의미도, 아무런 공감도 자아내지 않는 공허로서 설정된다.

그러나 때에 따라 순간적인 언어로서 쓰일 수도 있다. 예를 들면 이오네스코의 〈의무의 회생자들〉에서는 스포트라이트가 완전한 어둠 속에서 하나의 초상화만을 나타나게 한다. 이는 종래의 무대장치라는 개념에서 완전히 벗어나 언어의 일부로서 순간적으로 존재하는 것이다. 이와 비슷한 수법을 우리는 탈뒤의 〈열쇠〉에서도 엿볼 수 있다.

한편 극 진행 도중에 무대는 흔히 부르주아극에서 볼 수 있는 바와 같은 변화를 하지 않고 똑같은 무대에서 계속되는 것이 상례다. '장치는 그 기본적인 구성에 있어서 변하지 않는다. 다만 그 장치를 이루고 있는 여러 요소의 질서만이 바뀐다.' 즉, 그 장소는 바뀌지 않고 다만 보는 각도가 달라졌을 뿐이다. 이처럼 전위극의 무대는 무의미하고 수동적이어야 하며 침묵으로서만 이야기하여야 한다. 부르주아극에 있어서 무대장치가 자주적인 가치를 주장하고 사실보다도 영상이 귀중하게 여겨졌다면 전위극은 의식적으로 이러한 우상(偶像)을 파괴하고 있는 것이다.

한편 소도구는 인격화(人格化)하여 등장인물들 속에 혼동되어 직접 대립하게 된다. 마치 자리의 〈유부왕〉에서 마네킹이 등장인물을 대신했듯이 이오네스코의 작품들에 있어 의자·괘종시계·시체들은 중요한 인물로서 등장하는 것이다. 탈뒤의 경우에는 그의 작품들의 제목부터가 암시적이다. 〈가구〉〈탁자〉〈열쇠〉……

이리하여 휴식의 상태에서 대기하고 있는 텅 빈 무대면에 소도구들은 벌레들처럼 번식하고 인물이 등장함으로써 각개의 소도구는 뚜렷한 의미를 갖게 된다. 소도구들은 과거의 벽을 뛰어넘어 인물들에게 도전하는 것이다. 마찬가지 예를 베케트의 작품에서도 볼 수 있다. 〈고도를 기다리며〉의 인물 러키는 그의 모자와 모든 것을 연관시켜 생각한다. 그는 노예 상태를 잊어버리기 위해 모자를 땅에 던지고 발로 짓밟는다.(그럼으로써 그는 생각하지 못하게 된다).

이처럼 전위극의 무대가 공백(空白), 비현실적인 세계의 투명성을 지향한다면 소도구는 과잉된 세계, 물질의 전제(專制), 무거운 기압(氣壓) 같은 것을 표현한다고 볼 수 있을 것이다.

소도구의 인격화는 배우들에게 부르주아극에서는 볼 수 없는 다른 연기와 반응을 요구한다. 사실상 전위극의 작가들은 연출가에게 절제 있는 연기를 요구한다. 때론 무언극의 몸짓을 배우에게 바라는가 하면 하나의 사물로서 취급하는 수도 있다. 소도구가 사물의 시체라면 배우는 '배우라는 시체'가 되는 것이다. 아다모프의 딱딱하고 불안정한 〈타란느 교수〉는 그 자신의 존재를 의심함으로써 현실보다도 꿈의 세계에 더 소속된다고 하겠으며, 베케트의 인물들은 '당신이 정말 인간이오?' 하며 스스로 의문을 품는다. 그리하여 그들의 대화와 몸짓은 유리(遊離)되고 시간의 개념은 상실되고 만다.

부라디밀＝그럼 갈까?

에스트라공＝갑시다.

(그들은 움직이지 않는다)

베케트의 인물들의 정신구조는 탈뒤의 가구들처럼 고장이 난 것이다.

이처럼 고정된 유형화는 한편 불변의 태도로서 유지된다. 아다모프는 〈라 파로디〉에서 이 점을 강조한다.

"작품의 처음부터 끝까지 모든 주인공들은 하나의 자세와 그의 특유한 연기술을 지켜야 한다. 이러한 지시는 이 작품의 파로디크(Parodique)한 성격을 강조하려는 데 오로지 그 목적이 있다. 그러나 양식화해서는 안 된다. 등장인물들의 부조리한 행위, 부질없이 허탕을 짚는 몸짓 등은 절대적으로 자연스러워야 하며 가장 일상적인 생활에서 흔히 볼 수 있는 것이어야 한다."

아다모프나 베케트에서 볼 수 있는 '배우라는 시체'는 이오네스코에서는 채플린이나 자크 타티의 영화에서 볼 수 있는 바와 같은 소극적인 로봇으로서 등장하며 보티에의 경우에는 정반대로 배우의 연기는 발레리나의 그것과 흡사한 것이 된다. 즉, 인물들은 사건 앞에서 어떤 반응을 보이는 게 아니라 그들 자신의 정신상태에 따라 스스로로부터 그것을 발산, 분비하는 것이다. 그는 〈바다 대장〉의 서문에서 다음과 같이 말하고 있다.

'사건은 그저 윤회하며 조소·격정·비애 등 마음의 무늬에 따라 율동적인 몸짓을 요구한다. 동작은 때때로 생활 그대로의 것이기도 하나 발레적인 경향을 띠어야 한다. 물론 진정한 발레 그대로여서는 안 되지만.'

그의 전투적 인간에서 주인공이 소도구를 향해서 쏟아놓는 말의 홍수나 젊음의 방을 에워싼 장벽과의 전투는 언어에 취한 착란이라기보다 열정적인 육체의 노력이라고 말할 수 있을 것이다.

"그는 말로 말미암아 입을 벌린 채 가능한 한 오래도록 서 있다. 이 작품 속에는 때때로 폭우와 배합되어야 하는 광증이 필요하다."

이러한 '배우라는 시체', 또는 '무용가적 배우'라는 개념은 앙토넹 아르토나 고든 크레이그의 이론에서도 찾아볼 수 있다. 후자의 경우, '이상적인 배우는 자연 속에 있는 만상(萬象)을 완전한 상징으로 표현하는 자'이며, 전자의 경우에는 '배우는 숨결과 규성(叫聲)을 지니고 있는 육체를 가지고 분해된 육체구조의 밑바닥으로부터 육체의 상부가 기다리고 있는 찬란한 높은 곳으로 도약할 줄 아는 자'여야 하는 것이다.

결국 〈유부왕〉에서 비롯한 모든 프랑스의 전위극은 우스꽝스러운 인간의 거짓스러운 동작과 찌푸린 상판대기를 가면이나, 중국의 그림자극의 그것으로 대치하고, 언어로서는 도저히 표현할 수 없는 심오한 인간의 정신상태의 밑바닥을 드러내 보이기 위해 무언극의 연기를 도입하려고 시도해 왔다고 볼 수 있다.

이러한 전위극의 상황 속에서 의상은 그 기능을 상실한다. 시간의 밖에서 전개되는 사건에 어떤 시대적 색채를 찾아볼 수 없는 것은 당연한 일이다. 기발한 것을 찾음으로써 시대착오가 뒤섞이고 때로는 상징적인 효과를 노리는 수도 있다. 이를테면 아다모프의 〈라 파로디〉에서 리리의 의상의 변화는 그의 성격을 상징하는 것이며, 다른 배우들의 의상은 시종 동일하다.

이리하여 배우는 우주를 무대로 하여 연기하는 것이며 현실의 속삭이는 언어를 갖는다. 여기에 배우의 몸짓이나 음성이 아닌 다른 표현수단이 등장한다. 음악·잡음·라디오 등……. 탈뒤의 〈생포니에타 대화〉에서는 등장인물들 자신이 이런 수단을 쓴다.

"코러스는 아무런 변조 없이 다만 음률과 강도의 효

과만 노리고 가능한 한 지껄일 것이다. 그들은 연기자처럼 그들이 말하는 의미에 따라 연기하지 않고 기악 연주자들처럼 소리만 낼 것이다. 따라서 그들이 말하는 것과 그들의 태도는 좋은 대조가 될 것이다……."

 이러한 음악 내지 잡음은 희랍비극에서의 합창과 같은 역할을 하며 때로는 적의를 품고 인물들과 대립하기도 한다. 또한 그것은 부르주아극에 있어서와 같이 분위기를 조성하기 위한 것이 아니라 구체적인 하나의 세계를 이룬 것이다.

 전위극의 기교는 어떠한 규정도 받지 않으려 한다. 이를테면 휴식을 거부한다고나 할까…. 언제나 엉뚱한 일을 기도해서 논리에만 매달리는 자들을 아연케 하고 조는 관람석의 의식에 부단히 도전하는 것이다. 이오네스코, 탈뒤, 베케트, 보티에, 아다모프—이들 프랑스 전위극의 대표 선수들의 기교가 일양적(一樣的)으로 같다고는 말할 수 없을 것이다. 그러나 적어도 그들이 내건 기치가 똑같은 것이라는 것을 믿어도 괜찮은 이유를 그들의 다양한 기교 속에서 발견할 수 있다.

 '우상을 부셔라…….'

4. 표현주의(表現主義) 연극
— 현대연극의 하나의 주류로서

비평가들은 흔히 독단적으로 어휘를 날조함으로써 일반대중을 매혹하려 든다. 표현주의란 이러한 부류의 용어 중 하나이다. 도대체 이 용어가 무엇을 의미하며, 특히 연극의 경우, 어떠한 형식의 연극을 두고 말하고자 하는지 정확한 정의를 내리기란 쉬운 일이 아니다.

실상 사실주의와 자연주의에 대한 격렬한 반동으로서 나타난 표현주의 운동은 지나친 즉물주의(卽物主義)의 전제에 대한 혼(魂)의 부르짖음, 반항의 성격을 띠고 있으며 그로 인해 무정부주의적 혼란을 자아낸 것도 부정할 수 없는 사실이다.

그러나 노출과도(露出過度)가 된 극단적 표현주의 연극을 들어 이 운동 자체를 비난하고 부정한다는 것은 부당한 일일지도 모른다. 이를테면 과장된 표현주의 연극의 기교가 중용(中庸)을 표방하는 종래의 미학개념에 거슬린다는 비난을 받아들이더라도 표현주의 연극은 20세기 연극의 하나의 주류를 이루고 있으며, 오늘의 연극 속에 가장 커다란 영향을 끼치고 있다는 사실은 부정할 수 없는 것이다. 더욱이 표현주의 연극이 불안과 절망 속에서 그러한 시대를 배경으로 싹튼 것을 생각할 때 가장 현대적 성격을 띤 경향과 조류임을 수긍하게 되는 것이다.

1차대전 이후 독일은 그 역사상 가장 커다란 위기에 봉착하였다. 제국주의(帝國主義)의 꿈은 허물어지고 폐허(廢墟)에 인플레만이 팽창하였다. 국가는 파산(破産)에 직면하게 되었고 전쟁은 모든 환상을 산산이 부수어 버렸다. 이러한 시기에 표현주의는 마치 독일 민족의 혼이 폭발한 것처럼 나타났다. 부르주아의 관습주의, 그리고 자연주의에의 복종을 거부하고 그들의 주위를 에워싼 외적 현실을 한사코 부정하려 든 것이다. 그것은 해방과 전환(轉換)을 지향하는 움직임이며 태도였다고나 할까. 외적 세계를 재현하고 모방하는 것이 아니라 내적 생명의 영상을 창조하려 든 것이다.

세계관으로서의 새로운 정신은 현대의 죽은 형태들에 대한 반항을 의미한다. '그것은 생명의 심화(深化)에 대한 향수(鄕愁)다'라고 베른할트 니보르드가 말한 것은 바로 이러한 성격을 말해 주고 있는 것이다.

미술계에 있어서의 새로운 움직임은 언제나 연극계에도 그 파장을 일으키고 새로운 움직임을 유발하였다고 말해도 과언이 아니다. 표현주의의 경우에 있어서도 이 예에서 벗어나지 않는다. 1905년경에는 벌써 표현주의 운동이 미술계에 일어나고 있었다. 코코슈카, 칸딘스키, 자브렌스키, 베크만 등은 인상주의(印象主義)를 비창조적이며 이미 시대에 뒤떨어진 예술로 규탄하고 그에 반기를 들고 나선 것이다.

 인상주의의 수동적(受動的)이며 육체적인 눈은 지상의 현실과 사물의 껍질밖에 보지 못한다는 것이다. 이 육체적 눈에 대항해서 표현주의는 내면적(內面的) 눈을 내세운 것이다. 내면적 눈은 보이지 않는 곳, 핵(核)의 내부까지 투시하며, 그것은 예술가에게 자아의 심연(深淵)을 발견케 하며 인상주의가 일삼아 오던 부분적으로 세밀한 묘사를 넘어서 사물의 잠재적 특징을 포착케 한다는 것이다. 그러므로 표현주의는 정신적 세계와 상상적 세계를, 또는 꿈의 영상을 표현하려고 노력함으로써 사물 그대로를 표현하는 것이 아니라, 그 사물이 갖는 미지수적(未知數的) 형태 또는 그 사물 자체, 그 의미를 표현하려고 한 것이다.

 절망적인 환경과 인간의 불안에서 출발한 표현주의는 또한 추상적이며 상징적인 경향을 띤다. 모든 관습적인 기교, 분석의 규칙, 균형을 배척하고 묘사를 거부한다. "세계는 거기 존재한다. 그것을 모방한다는 것은 부조리(不條理) 그대로이다. 그 본질을 탐구하고 새로운 방식으로 창조한다는 것이 예술의 근본적인 의무이다"라고 에드 슈미드는 말하고 있다.

그러므로 표현주의 연극은 이미 1차대전 이전부터 싹 트기 시작했다고 보는 것이 타당하겠으나, 연극에 있어서 뚜렷한 유파(流派)로서 형성된 것은 1차대전 이후의 사회적 위기와 더불어서라고 보아야 할 것이다. 그리하여 동유럽, 즉 오스트리아·폴란드·유고슬라비아 등지로 표현주의는 파급되었으며 소련·이탈리아의 극계(劇界)에서도 그 풍조를 찾아볼 수 있었고, 미국의 연출가 및 무대장치가 등에도 그 영향을 받은 사람이 적지 않았다. 다만 지역적으로 가장 가까운 프랑스만은 표현주의를 이해할 수 없는 신비주의로 돌리고 만 감이 없지 않다고 한다.

 흔히 표현주의는 분명히 규정지을 수 있는 하나의 스타일이라기보다 하나의 정신적 경향이며, 하나의 태도이고, 하나의 열렬한 주관주의 또는 하나의 혼의 형태라고 말해진다. 실상 표현주의는 정반대되는 양식을 가지고 등장하는 수가 있다. 이를테면 브레히트의 〈심야(深夜)의 북소리〉를 연출한 휠켄배리는 완벽한 장치를 사용하는가 하면 예스텔 같은 연출가는 핵심적(核心的)인 장치만으로 대신한다. 그러나 이 이율배반성(二律背反性)은 표면적인 것에 지나지 않는다.

 표현주의 연극의 연출가가 갖는 공통된 목표는 현대물이건 고전물이건 간에 극적 효과를 최고도로 높이고 작품에 최대한의 표현성을 부여하려는 데 있다. 그리하여 무대의 모든 요소, 즉 배우·장치·조명·음악 등을 충격적 요소로 만들어 혼의 규성 또는 사상의 인자(因子)로 삼으려 한 것이다.

1905년에 출판된 고든 크레이그의 《연극예술》은 사실주의의 부정, 예술적 표현수단으로서의 상징의 층계, 자연주의적 연기자의 배척 등 새로운 연극이론을 내세움으로써 표현주의 연극을 예고했다고 말해도 과언이 아닐 것이다.

"연극예술은 배우의 연기도 아니며 희곡도 아니고 연출도 아니고 무용도 아니다. 그것은 그것을 구성하는 제(諸) 요소로써 형성되어 있다. 즉, 연기의 핵심인 동작, 희곡의 알맹이인 어휘, 장치의 본질인 선과 색채(色彩), 무용의 본질인 리듬으로써 이루어지는 것이다."라고 말했을 때 그는 무의식 중에 표현주의를 준비하고 있었다고 할 것이다.

이처럼 자연주의와 인상주의에 과감히 반기를 든 표현주의의 기수들은 무대를 비자연화하기 위해 모든 예술적 및 기술적인 수단을 동원한다. 각기 저마다 다른 기교를 가질 수 있다. 그러나 그들이 의도한 바는 동일한 것이다. 무대에서 모든 묘사적인 요소를 추방하고 모든 사실적인 모방을 지양함으로써 거기에 배우의 반

자연주의적 연기와 소도구·선·색채·조명 등의 상징으로 극적 긴장의 핵심을 표현하려고 한 것이다.

표현주의 연극의 장치가들은 정확한 역사적 배경을 작품에 주려고 하지 않으며, 진정한 사회적 환경을 창조하려고 들지도 않고, 사실적 분위기를 조성하려고 들지도 않는다. 현실의 재현을 배척하는 것과 마찬가지로 여분(餘分)의 장치도 거부한다. 그것은 희곡에서 직접 나오는 영상의 예술이며 그 영상은 연출가의 그것과 일치하여야 한다. 그리하여 무대를 비자연화하고 연극에 가능한 한 순수한 공간을 제공하려고 시도한 것이다.

그러나 일상적인 현실을 초월하고 연극이 도발하는 감정을 구상화하려는 노력은 흔히 인공적이거나 독단적인 환상 속으로 관객을 이끌고 들어간다. 〈심야의 북소리〉의 무대장치를 한 시에벨트는 그의 의도를 다음과 같이 설명한다.

"벽(壁)은 극이 진행되는 동안은 혼란과 혁명(革命)의 상징으로서 존재한다. 긴장과 폭력이 감도는 분위기, 처음과 끝을 생각할 수도 없다. 붉은 빛과 노란 빛의 타오르는 듯한 시야(視野), 그 모든 것 위에 충혈된 눈동자와 같은 달이 걸려 있다. 꿈과 민요(民謠)의 서정적인 비현실(非現實)로서 스타일라이즈된 세계에 현실적인 사건들이 진행된다."

이러한 장치에 대한 개념은 지나치게 헛된 혼란과 관객의 주의를 산만히 흩어놓는 결과를 가져온 것도 사실이다. 그러나 이러한 변형(變形)과 의식적인 균형의 파괴는 전혀 이유가 없는 것은 아니다. 그가 경험하는 감정을 표현하기 위해서 장치가는 창·문·벽 등의 재창조(再創造) 형태 속에 그것을 아로새기려 든다. 한편으로 모든 무대 요소는 흔히 주인공들의 의식 속에 포착되는 형태로서 표현된다.

그러므로 표현주의 연극에 있어 무대장치는 지극히 중요한 역할을 하며 등장인물과 같은 성격을 띤다. '필요한 연극 혁명은 무대 공간의 변형으로부터 시작되어야 한다'—이렇게 그들은 주장하는 것이다.

회화에 있어서의 빛은 고정된 성격을 띤다. 일단 화폭에 투사(投射)되면 영구화(永久化)되고 만다. 반대로 표현주의 연극에 있어서는 강도·빛깔·빛의 방향 등의 변화와 확산광(擴散光)·직사광의 대립·결합 등을 최대한으로 이용하고 있다. 마치 반 고호가 "눈앞에 있는 것을 정확히 표현하려고 하는 대신, 자신을 강렬히 표현하기 위해서 임의로 색채를 사용한다"라고 말한 것처럼 '강렬히 자신을 표현하기 위해서' 표현주의 연극의 연출가들은 조명을 임의로 사용하려 했던 것이다.

단순히 자연광(自然光)을 모방하는 데 그치려 하지

않고 관객의 주의를 집중시키고 동작을 보충하며 긴장을 강조시키는 적극적인 요소가 된다. 사이크로라마의 조명의 변화는 겨울 하늘이나 봄날 아침을 암시하려고 한 것보다는 중성(中性)의 배경을 마련하고 극적 순간을 상징하며 주인공의 정신상태를 관객에게 전달하는 매개(媒介)의 역할을 하는 것이다. 에느넬 같은 연출가에게는 조명은 더욱 커다란 의미를 갖는다. 조명은 인물들을 결합시키고 분리(分離)시킨다. 그것은 단순한 조명으로서 극의 진행을 따르는 것이 아니라 마치 해설자(解說者)처럼 등장하는 것이다.

물론 이러한 조명 수법의 남용은 지나친 현실과의 유리를 가져올 염려가 없지 않다. 그러나 표현주의 연극의 연출가들은 무엇보다도 극적 효과와 연극의 핵심을 표현하고자 하는 것으로, 조명에 대한 관습적인 개념으로서는 판단할 수 없는 것이다.

상징·강조·집중 등은 표현주의 연극의 기교에서 엿볼 수 있는 근본적인 성격으로, 표현주의 연극의 연기에서도 마찬가지 성격을 찾아볼 수 있다. 배우는 사상(思想)의 소유자여야 하는 것이다. "배우는 예술의 새로운 의지(意志)에 호응하기 위해서 현실로부터 해방되어야 한다. 그리하여 현실의 속성(屬性)으로부터 벗어나 사념(思念)과 숙명의 구현자(具顯者)가 되어야 한다"라고 코른펠트가 말한 것은 이러한 연기 이념을 뒷받침하고 있다.

인간의 육체는 그 형태와 양(量)에 있어 혼의 상태와 일치하고 조형적인 전위(轉位)를 시도한 것이다. 그리하여 자연주의적인 근사성(近似性)을 떠나 추상적인 동작으로 혼의 긴장된 상태를 창조하려는 것이다. 그러나 이러한 시도가 지나칠 때 멜로드라마적 연기가 되고 말 위험성이 없는 것은 아니다.

실상 이러한 표현주의 연극이 모든 분야에서 엿볼 수 있었던 과장으로 인해서 표현주의 연극을 값싼 통속적인 유행으로 돌리고자 하는 자도 적지 않다. 시대에 뒤떨어진, 한마디로 말해서 '20년대의 미학'이라고…….

물론 오늘날에 당시의 표현주의 연극을 그대로 적용시킨다는 것은 무의미한 일이다. 실상 표현주의는 하나의 스타일이기 이전에 전통에서 이탈하려는 사회 및 연극의 하나의 현상(現象)이었다. 그리하여 흔히 현실에서 이탈하여 순전히 탐미주의적(眈美主義的) 경향을 띠는 수도 있었다.

그러나 표현주의가 그대로 종착역(終着驛)이 될 수는 없다. 게오르그 그로즈가 '새로운 객관성'을 주장하고, 현실에의 복귀(復歸)를 몇몇 표현주의 화가들이 지향한 것은 의미있는 일이다. 해방과 위기(危機)의 예술인 표현주의는 자신의 이율배반 속에 허덕여 왔다. 어떻게 외적인 현실을 거부하는 동시에 한 사회의 고발자(告發者)의 역할을 할 것인가. 이러한 점이 표현주의 운동의 과도적(過渡的) 성격을 지어 주고 말았는지 모른다.

그러나 표현주의 연극은 19세기 말과 20세기 초의 부르주아극의 원칙을 파괴하고 새로운 희곡과 연출을 낳게 한 원칙과 기교를 만들어 냈다. 이러한 새로운 원칙과 기교는 단순한 '내면의 눈'의 형이상학적 필요성에서가 아니라 한층 깊은 현실을 발견하고 한층 완벽하게 표현하는 데서 오늘날까지 아직도 그 가치를 잃지 않았다고 할까.

실상 1차대전과 더불어 비롯한 현대의 성격은 별다른 변화를 일으키지 않았다. 불안과 절망, 거기에 부정과 반항이 현대의 성격에 근본적인 변질이 일어나지 않는 한 가장 현대적인 자세의 하나인 표현주의가 우리의 지평선에서 완전히 자취를 감추지는 않을 것이다.

5. 반연극(反演劇), 반기성(反旣成) 부조리(不條理)
― 새로운 작가들

연극에 있어서 새로운 것, 이른바 전위적인 것을 논

할 때 먼저 프랑스 연극이 화제가 된다. 2차대전 직후의 사르트르, 까뮈를 중심으로 한 실존주의적(實存主義的) 경향의 연극, 그리고 50년대에 들어서서 사무엘 베케트, 유젠 이오네스코, 아다모프 등을 중심으로 한 부조리의 연극, 특히 이오네스코의 반연극의 이론은 세계의 연극계를 휩쓸었다고 해도 과언이 아니다. 한때 연극 청년 가운데는 반연극, 즉 전위극, 즉 이오네스코라는 공식(公式)의 신봉자(信奉者)가 적지 않을 정도였지만 그러한 풍토에도 서서히 변화가 일어나고 있다.

"전위의 전위로서의 존재 이유는 원천(源泉)에의 소급, 경화(硬化)된 전통주의와 아카데미즘을 깨뜨리고 살아 있는 전통을 재발견하는 데 있다."라고 이오네스코 자신이 말하고 있듯이 기성 연극의 파괴에서 출발한 그가 오히려 전통의 복귀를 이룩하고 있다고나 할까……. 파괴의 실험에서 창조의 단계로 들어서고 또 하나의 대가(大家)로서 안주해 가는 느낌이 없지 않은 것이다. 아다모프는 반연극의 원형적 수법에서 출발해서 사회극을 지향하고 있으나 재능의 한계에 부딪쳤다고 할 수 있으며, 베케트 또한 그의 관념적 부조리성에서 정착해 버린 느낌이 없지 않은 것이다.

이렇게 볼 때 반연극의 전위극으로서의 역할은 거의 끝났다고 할 수 있으며, 거기에 대치할 만한 뚜렷한 것이 있는 것 같지는 않다.

물론 완전한 공백을 이룬 것은 아니다. 〈찐 찐〉〈툴레의 집으로 가라〉 등의 작가 비에두, 〈제국(帝國)의 건설자〉를 쓴 보리스 비앙, 〈사자(獅子)〉의 작가 아마스 크낭, 〈순진한 제비〉를 쓴 뒤비알 등 일련의 신인들이 새로운 물결로 클로즈업되고 있으며, 평자들은 이들 신인들의 공통점을 '세계의 질서에 대한 반항'과 '멍청하고 그지없이 위험한 광기(狂氣)에 사로잡힌 인류 앞에 직면한 시인의 공포'로 지적하고 있다. 그리하여 이제까지의 전위극이 이론적인 파괴의 실험에서 끝났다면 그것을 감정의 차원에서 창조적으로 계승하려 하고 있다고나 할까…….

그들에게도 역시 현대의 부조리감이 그 중심이 되어 있다. 그러나 베케트나 이오네스코, 아다모프의 작업이 충격의 기법과 이화의 수단에 의해서 나체(裸體)의 부조리를 생생하게 관객에게 제시함으로써 반대로 연극의 본질에 되돌아간다는 형이상학적 성격의 사명을 띠고 있었다면, 그후의 새로운 신인들은 시적 감성의 면에서 연극으로 되돌아가려는 경향이 뚜렷하다고 할 것이다.

그러나 이들 새로운 60년대의 작가들이 이오네스코나 베케트가 50년대의 세계 연극에서 차지한 비중을 그대로 가질 수 있을 지는 의문이다.

프랑스 연극이 침체기를 면하지 못하고 있다면 미국 연극도 마찬가지라고 할 수 있다.

1915년경에서 1920년대에 걸쳐 '프로빈스 타운 극단'을 필두로 한 소극장 운동은 실질적으로 오프 브로드웨이의 여명기를 이루었다고 할 수 있으며, 무명의 신인작가 유진 오닐이 여기에 나타남으로써 참된 미국 연극이 출발했다고 해도 과언이 아니다.

그로부터 40년의 세월이 흐른 1960년 오닐의 작품이 소개된 것과 같은 무대에서 무명의 신인 에드워드 올비의 〈동물원 이야기〉가 공연되었다. 그후 그는 〈베시 스미스의 죽음〉〈미국의 꿈〉 등 1막극을 거쳐 62년에는 〈누가 버지니아 울프를 두려워하랴〉를 가지고 브로드웨이에 데뷔, 침체한 미국 연극에 활기를 불어넣었다고 할 수 있으며, 부조리의 연극이라는 세계적 물결 속에서 하나의 미국적 패턴을 창조했다.

오닐이 미국 근대극의 시조로서 브로드웨이에 혁명을 가져온 연후 오프 브로드웨이가 미국 연극의 새로운 돌파구로서 인식되어 또 하나의 운동으로 뚜렷한 성격을 띠게 된 것은 1950년에서 65년 경까지의 기간이라고 할 수 있으며, 60년을 정점으로 하여 오프 브로드웨이의 30여 개의 소극장에서 전위적인 의욕이 폭발한 것이다.

그들은 브로드웨이에서는 쉽사리 공연되지 않은 외국의 전위적인 작품들, 이를테면 베케트, 이오네스코, 핀터, 브레히트, 오스본, 웨스카, 즈네의 작품들을 활발히 소개하고 동시에 미국의 신진 극작가들을 발굴했다. 55년에서 65년에 걸쳐 라이오넬 에벨, 자크 리처드슨, 자크 겔바, 머레이 시스갈, 아더 코피트, 그리고 에드워드 올비 같은 작가들이 등장했다.

그 가운데에는 이오네스코나 베케트, 핀터의 모방에서 출발한 자도 있으며 또는 브레히트의 아류(亞流)라는 느낌이 드는 작가도 없진 않다. 그러나 그들의 공통된 점은 종래의 고전적인 극작술을 거부하고 한결같이 인간 소외(人間疎外)의 문제를 다루고 있다는 점이다. 부조리한 현대, 그 일상생활을 동기와 행동, 그리고 결과라는 새로운 시점에서 파헤치고 그 부조리하고 공허한 인간관계를 폭로하고자 했다고 할까?

그러나 오프 브로드웨이의 이러한 전위적인 작업들이 브로드웨이의 상업극을 누르고 미국 연극의 주류가 되었다고 볼 수는 없을 것이다. 오히려 브로드웨이는 엄청난 제작비의 앙등으로 더욱 상업성이 강해진 느낌이랄까……. 연극이 대기업화 되면 될수록 새로운 실험에의 여지(餘地)는 거의 없으며 그러한 상업주의에 반항해서 오프 브로드웨이는 시작된 것이라 할 수 있는데,

브로드웨이가 부진한 반면 오프 브로드웨이가 활기를 띠자 오프 브로드웨이 자체가 안정을 보이고 거기에도 상업주의가 스며들기 시작한 느낌이 없지 않다. 65년을 전후해서 화제가 되고 있는 이른바 오프 브로드웨이는 오프 브로드웨이 자체의 상업주의에 반발한 젊은 연극인들의 운동이라고 볼 수 있는 것이다.

프랑스와 미국의 연극계가 60년대의 후반에 들어서면서 저조한 느낌이 있었다면 영국의 연극계는 적어도 극작면에서는 그 어느 때보다도 활기를 띠고 있었던 것 같다. 혹자는 오늘의 영국 연극을 엘리자베스 시대의 연극과 비교한다. 엘리자베스 시대의 연극은 불과 60여 년 동안에 거의 2천 편의 작품을 무대에 올리는 엄청난 극적 에너지를 과시했다면 오늘의 영국에도 이와 비슷한 현상이 일어나고 있다는 것이다.

이러한 오늘의 영국 연극에 대한 구가(謳歌)가 이른바 소수의 예술로 전락한 연극의 세계적 추세로 볼 때 과장된 표현임엔 틀림없겠지만 19세의 여공(〈꿀맛〉의 셀라 딜레니)이 희곡을 쓰는 등, 극작면에서는 그 어느 때보다도 무성한 느낌이 없지 않다.

존 오스본, 아놀드 웨스카, 해럴드 핀터, 존 아덴, 브렌든 베한, 로버트 볼트, 조 오톤, 핀터 쉐파, 질스 쿠퍼, 찰스 우드 등 젊은 극작가들이 저마다 새로운 상표

(商標)를 달고 다량 출고된 셈인데, 거기에는 대체로 세 개의 경향을 유별할 수 있다. 해럴드 핀터를 중심으로 한 베케트나 이오네스코의 '부조리의 연극'의 계열, 오스본과 웨스카로 대표되는 '반기성극', 존 아덴 등으로 대표되는 브레히트류의 '서사연극(敍事演劇)'……. 그러나 그들은 이러한 레텔을 거부한다. 그들은 우연히 동시대인으로서 같은 연극적 전통에 속해 있을 뿐이라는 것이다.

어느 의미에 있어서는 프랑스에서 출발하여 보다 무성한 개화(開花)를 영국에서 볼 수 있었던 '부조리의 연극', '서사 연극', 그리고 영국 사회적인 산물인 '반기성극'에서 우리는 공통된 연극적 전통을 찾아볼 수 있다. 종래의 연극의 주류를 이루는 것은, 동기와 이유가 있고 거기에서 연유하는 결과를 다루는 드라마, 그 배후에는 쉽사리 이해될 수 있는 합리적인 인간관이 있었다.

어떤 질서가 무너지고 카오스를 이루는 데서 드라마가 시작하고 다시 질서가 회복되면서 끝난다는 제시·갈등·해결의 방정식이 거기에 있으며, 관객들은 막이 내리면 모든 것이 해결되었다는 안도감을 가지고 돌아가는 것이다.

그러나 새로운 연극은 종래의 이러한 안식(安息)의 미학에 대한 반발에서 출발했다고나 할까……. 거기에는 오직 제시부가 있을 뿐이며 어떠한 해결보다는 과정에 초점이 맞춰져 있고, 막이 내린 연후에도 아무것도 해결되지 않는다.

관객들은 고개를 끄덕이며 무엇을 이해했다는 표정으로 돌아가는 대신에 어리둥절한 채 어떠한 충격을 안고 돌아가야 한다. 거기에는 우리의 일상적인 현실이 애매하고 흐리멍텅한 그대로 재단되지 않은채 제시되어 있으며, 역사의 객관적이며 부조리한 힘, 타인에 대해서는 물론 자기에 대해서도 커뮤니케이션의 수단을 잃은 것처럼 보이는 인간의 상황, 기대고 있던 윤리적 가치 체계가 허물어진 연후의 무중력(無重力) 지대에 던져진 소외감 같은 것이 노출되어 있다고 할까…….

또한 거기에는 공식으로는 재단될 수 없는 인간상을 볼 수 있으며 내면적인 카오스를 통해 포착된 현대의 주인공들이 몸부림치고 있는 것이다. 독일의 뒤렌마트, 막스 프리슈, 이탈리아의 유고 베티, 데 필립프같은 작가들이 그린 주인공들의 내부에도 같은 의미의 카오스를 엿볼 수 있다.

6. 시(詩)와 연극(演劇)

이른바 시극이라는 것이 20세기에 들어와 유럽 각국

에서 시도되어 왔다. 한국에서도 60년대에 들어왔고 시극동인회(詩劇同人會)라는 것이 있어 이른바 시극을 국립극장(國立劇場) 무대에 올린 적이 있다.

그러나 나는 이 '시극'이라는 명칭 자체에 대해서 언제나 회의를 품어 왔다. T.S. 엘리어트의 〈성당 안에서의 살인〉이나 로르카의 〈피의 결혼(結婚)〉 또는 폴 클로델의 〈마리아에의 고지(告知)〉 등의 작품을 시극이라고 하는 데에 대해서 이의가 있다기보다도 구태여 시극이라고 분류할 필요가 있을까 하는 데에 의문을 갖는 것이다.

대체 시적인 요소를 제거한 연극무대를 상상할 수 있을 것인가. 시적인 의미와 요소가 연극의 본질이라고 해도 과언이 아닐진대 '시극'이라는 어휘를 사용함으로써 번거로움과 혼돈을 가져올 필요가 없다고 생각하는 것이다.

애당초 연극은 시적인 의미를 추구해 왔고 시적인 형식을 창조하려고 노력해 왔다. 종교적 의식으로서 또는 제전적(祭典的) 성격을 띤 원시적(原始的) 연극에서는 물론이려니와 희랍극, 엘리자베스 조(朝) 시대의 연극, 프랑스 17세기의 연극 모두가 그러했다. 희곡이 운문(韻文)으로 쓰여졌다는 사실에서만이 아니라 무대 표현에 있어서도 시적인 양식이 추구된 것이다. 연극이란 일상생활 모방에서 출발한 것이겠지만, 반면 현실이 무대로 옮겨지는 과정에서 시적인 전위가 이루어졌을 때 연극으로서 창조되는 것이 아닐까.

시의 본질(本質)이 무엇인지 나는 모른다. '시적'이라는 말이 무엇을 의미하는 것인지 나는 모른다. 그저 막연하게 느끼고 있다고나 할까……. 내 자신이 막연한 것을 말이나 글로 표현하자면 더욱 막연할 테니까 아예 모른다고 하는 게 타당하지 않겠느냐는 생각인데, 그러나 '시적인 것'과 '극적인 것'은 지극히 가까운 거리에 있다고 주장을 해도 망발은 아닐 것 같다.

현실을 변형하는 전위·압축·밀도를 주는 작업은 시적인 작업이자 연극적인 작업일 수 있지 않겠는가……. 시와 연극을 동일한 것으로 이야기한다는 것은 억지이겠지만 아리스토텔레스 같은 석학(碩學)도 그의 《시학(詩學)》에서 주로 비극을 논한 것을 보면 시의 세계와 연극의 세계가 어지간히 가까운 것이라고 생각되는 것이다.

20세기 연극의 숙제(宿題)는 어느 의미에 있어서는 그 동안 잃어버렸던 시적인 의미를 되찾는 데 있었다고 해도 과언이 아니다. 20세기 초엽, 19세기의 자연주의적 연극에 대한 반동으로서 나타난 새로운 연극들은 잃어버렸던 시적인 의미와 기능을 연극 속에서 되찾으려는 데로 귀결한다고 할까. 20세기의 주요한 희곡작가들은 19세기 자연주의 희곡작가들의 무미건조한 언어를 거부하고 일상적 사실에서 벗어나는 새로운 차원(次元)의 형식을 창조하려고 노력했다.

아일랜드의 예이츠, 싱그, 프랑스의 클로델, 장 콕토, 장 지로두, 영국의 T.S. 엘리어트, 딜런 토머스, 스페인의 가르샤 로르카, 독일의 베르트 브레히트 등, 20세기의 희곡문학의 정상을 이룬 작가들은 저마다 성격이 약간 다르기는 하지만 어떤 의미에 있어서건 시적인 연극의 가능성을 추구한 작가들이라고 하겠다. 그들이 공통적으로 지니고 있던 반자연주의적 경향은 시적인 것의 경향이라는 공통 분모를 가지고 있었다고 할까.

이러한 경향은 비단 희곡에 있어서만이 아니다. 무대적 표현, 즉 연출·미술·연기면에서는 오히려 보다 많은 시적인 것이 추구되었다고 할 수 있다. 모방과 재현에 초점을 둔 자연주의적 무대미학에의 반발은 연출가의 창조적 능력을 중요시하게 되고 메이엘 홀트, 라인 할트, 고든 크레이그, 자크 코보, 가스통 바티, 장 비랄 등 뛰어난 연출가를 낳게 하고, 어떤 의미에 있어서는 연극사상에 연출가의 시대를 만들었다고 해도 과언이 아니다.

그들은 현실을 무대에 옮겨놓기 위해 불가피하게 요

구되는 시적인 전위를 연출의 본질로 생각했고 마치 시인이 언어를 다루듯 무대공간(舞臺空間)을 다루어 공간의 시적인 조형을 추구한 것이다. 이렇게 볼 때 시와 연극은 불가분의 관계에 있다고 하겠으며, 연극이 시를 외면하고 상업적 배려와 관객들에 대한 아첨으로 해서 타락한 적이 없었던 것은 아니나 오늘날 시적인 것을 되찾는다는 것은 연극 본래의 자세를 되찾기 위한 노력으로 이해되고 있다.

그 중에서도 가장 딱한 것은 시적인 것의 결핍이라 하지 않을 수 없다. 희곡이나 연출 그리고 연기면에서. 우리의 연극은 시인들의 도움을 필요로 하고 있는 것이다. 반면 우리의 시인들에게 필요한 것은 드라마가 아닐까 생각해 본다. 정적(靜的)인 영탄조를 읊거나 언어의 유희 속에서 만족하는 데에 한국 시의 벽(壁)이 있는 것이 아닐까. 서사시의 도입이나 드라마의 도입으로써 한국 시는 그 영토를 넓힐 수 있고 쇠퇴해 가는 형식을 넘어서 새로운 형식을 창조할 수 있는 것이 아닐까. 시적인 창조는 어떤 지식의 경험의 결과로서 이루어지는 것이 아니다. 그것은 오히려 그 결과를 예측할 수 없는 모험으로서 제기되어야 하며 이 점에서 연극의 경우도 마찬가지다.

지난날의 형식 속에 안주하지 않고 새로운 형식을 추

구하고 창조해야 한다는 것은 오늘의 시와 연극이 지닌 공통된 과제라고 하겠다. 그리고 적어도 연극의 경우 '시적인 연극'의 추구와 직접 관련이 있다고 하겠으며 다양한 오늘의 연극 속에서 연극 본래의 자세를 회복하려는 진지한 노력이라고 할 수 있을 것이다. '극적인 시'의 가능성 또한 허황된 모험만으로 돌릴 수는 없지 않을까. 하여튼 시와 연극이 서로 가까워서 밑질 것이 없다는 점은 분명한 것 같다.

7. 현대 연극의 위기

20세기의 연극은 기성 연극(旣成演劇)에서의 부단한 탈출과 새로운 영토를 개척하려는 모험의 연속이었다고 말해도 과언이 아니다. 그러므로 현대 연극은 부단한 위기의식(危機意識) 속에서 그 활로를 찾아왔으며 이 위기의 극복이라는 데서 그 명분을 찾아왔다고 할 수 있다.

즉, 기성 연극이 관습과 고정관념의 포로가 되어 창조적 의미를 상실하는 데서 오는 연극의 위기와 이러한 위기를 극복하기 위한 노력이 새로운 모험으로서 대두하고, 그것이 전위적인 작업으로서 하나의 새로운 경향을 형성할 때 신구 질서(新舊秩序)의 충돌이 빚어내는 혼란으로 해서 새로운 위기가 조성되고, 이리하여 20세기의 연극은 위기의 연속 속에서 그 다양한 전개를 해온 것이다. 이렇게 볼 때 이 위기의식은 어느 의미에서는 현대연극의 침체를 막는 원동력이 되었다고 말할 수도 있을 것 같다.

어쨌든 연극은 오늘의 사회적·문화적 환경 속에서 그 사회적 기능을 적지 않게 상실해 가고 있으며 사양(斜陽)의 예술, 소수의 예술로 전락한 느낌이 없지 않으며, 연극인들 자신이 연극행위가 진정 오늘의 사회 속에서 필요한 것인지, 그리고 거기에 집착할 만한 가치가 있는 것인지 회의를 갖지 않을 수 없는 처지에 놓여 있는 것은 부정할 수 없는 사실이다. 다만 이러한 위기의식이 현대연극을 그 어느 시대의 연극보다도 다양한 것으로 만드는 동시에 잃어버렸던 창조적 의미를 되찾게 해준 느낌이 든다고 말한다면 지나친 역설(逆說)일까?

20세기 연극은 19세기 말 이른바 상업적인 연극에 반기를 들고 나섬으로써 출발했다. 19세기 말의 유럽 연극은 지나치게 상업적인 고려에 얽매여 천박한 구경거리로 전락한 느낌이 없지 않았다. 우선 희곡은 스크리브와 살두에 이어지는 '잘 꾸며진 희곡'이 프랑스 극단을 휩쓸고 독일, 오스트리아, 영국, 러시아, 아시아, 이탈리아 등의 극계를 석권한 것이다. 스크리브와 살두의 많은 작품이 옮겨지고 많은 작가들이 공공연이 그것을 모방하고 추종하였다.

스크리브는 1820년경에서 1850년경에 이르는 사이에 무려 3백여 편의 작품을 써냈는데 그러한 작품들은 관객의 흥미를 돋우는 것을 그 지상명령으로 재미와 짜임새에 그 초점이 맞춰진 것이다. 그 진부하고 상투적인 내용과 천박하고 공소한, 그러나 교묘한 짜임새는 정신에 대한 기교의 승리였다고 할까…….

이러한 '잘 꾸며진 희곡'의 유행은 상업극의 필연적인 결과로 배우를 대스타로 내세움으로써, 조화와 앙상블을 무시하고 자기의 특기를 과시하려는 배우들에겐 절호의 기회였다. 자기의 인기에 급급하며 교만해진 배우들을 기수로 비한다면 '잘 꾸며진 희곡'은 잘 훈련되고 온순한 말이었다고 할까…….

자기가 맡은 역을 강조하고 스스로를 돋보이게 하는데 온 정성을 들인 배우는 '잘 꾸며진 희곡'에 있어 득의의 무대를 얻을 수 있었으며, 거기에서 인기를 얻고 교만해진 배우들은 '잘 꾸며진 연기'를 내세우려 했다. 그러한 연기가 '잘 꾸며진 희곡'과 마찬가지로 연극적 진실과 그 창조와는 먼 거리에 있었던 것은 물론이다.

이러한 틀에 박힌 희곡과 연기와 더불어, 관객들의 허황된 스펙터클에 대한 갈망에 아첨하기 위한 화려한 의상과 장치는 연극을 더욱 타락시켰고, 결과적으로는 연극 제작비를 상승시킴으로써 예술성은 물론이려니와 상업적인 면에서도 점차 어려움을 드러내기 시작한 것이다.

연극 원래의 예술성과 사회적 기능을 저버린 이러한 상업극의 구경거리로의 타락에 반발해서 20세기의 연극은 새로운 가능성을 모색하고 나섰다. 이러한 반발은 대체로 세 갈래의 경향을 띠고 나타났다. 첫째는 당시의 문학적인 조류(潮流)와 발을 맞춘 자연주의 내지는 사실주의 연극의 제창(提唱)이 그것이요, 둘째는 연극 원래의 전통, 이를테면 희랍극, 셰익스피어극, 프랑스 고전극에로의 복귀를 꾀하고 지난날의 영광을 되찾으려는 꿈이라 하겠으며, 셋째는 새로운 실험과 모험을 통해 연극의 새로운 가능성과 영토를 개척하려는 전위적인 움직임이라 하겠다.

이러한 세 갈래 움직임은 앞에서 언급한 것처럼 현대연극을 그 어느 시대의 연극보다도 다양한 것으로 만들었으나, 상업적인 성격을 탈피하고 실험적인 성격을 띰으로써 결과적으로 대중을 외면하고 연극인들 자신을 위한 소수의 연극으로 전락한 인상을 주게 된 것도 사실이다. 더욱이 영화나 텔레비전 등의 출현으로 해서 연극이 지니고 있던 오락적인 기능을 **빼앗김으로써** 대중성의 한 귀퉁이를 잃고 대중으로부터 날로 유리되어 가는 느낌이라고 할까…….

결국 현대연극은 이중으로 궁지에 몰리게 된 것이다. 첫째로 관객에의 지나친 아첨으로 인해 구경거리로 타락한 연극을 규탄하고 나선 연극인들 자신의 자세로 인해서 스스로 고고함을 자처하고 소수의 관객에 만족해야 했고, 둘째로 영화, 텔레비전 등 새로운 매스 미디어의 출현으로 대중성이라는 일선에서 밀려나지 않을 수 없었던 것이다.

이것은 비단 연극에 한한 이야기가 아니고 이른바 순수 예술 전반에 걸친 현상이라 하겠다. 이 점에서 연극도 순수 예술의 고고함을 자처하고 순수 예술로서 만족하면 그만이겠으나, 불행히도 연극 원래의 속성이 대중적인 의미를 떠나서 이루어질 수 없으며, 연극인들 자신도 상업극 아닌 진정한 의미에서의 대중극을 그 궁극적인 이상으로서 내세우는 데 주저하지 않는다.

현대연극의 위기는 무엇보다도 이러한 이율배반에서 유래한다고 하겠다. 이유야 어쨌든 대중을 외면하고 미학적인 실험의 숲으로 헤매어 들어간 그들이 대중성에의 꿈을 잊지 못하고 거기에 연연하고 있으며 그래서 앞으로 곧장 가야 할 것인지 되돌아서야 할 것인지도 결정짓지 못하고 엉거주춤하고 있으며 그래서 위기의식은 더욱 짙어가고 있는 것이다.

순수한 창조로서의 시적인 의미를, 정열과 신념의 대립에서 오는 극적인 의미를, 성격적인 창조에서 오는 인간적인 의미를, 건강한 웃음과 정신적 비약에서 오는 풍자적인 의미를, 그 시대와 도시의 생명적 교류에서 오는 사회적 의미를 되찾음으로써 잃어버린 관객을 되찾아야 한다고 흔히들 말한다. 쉽게 이야기해서 우리의 시민들이 연극을 한낱 구경거리로서만 대하지 않고 연극 창조의 기다림 속에 순화(醇化)되고 집단적 창조의 기쁨을 위해 극장에 모여들도록 하자는 것이다.

그러나 이러한 새로운 대중극의 이상을 실현시키고 지난날의 영광을 되찾겠다는 꿈이 그렇게 쉽사리 이루어질 수 없는 것도 사실이다. 어떻게 보면 현대의 모든 사회적 여건과 현대인의 속성은 이러한 대중극을 불가능한 것으로 만들고 있다는 느낌마저 들게 한다.

대체 현대에서 연극이란 할 만한 가치가 있는 것인가? 단순한 아마추어로서 연극을 한다면 모르지만 적어도 그것을 직업으로서 선택하고 필생의 일로서 할 만한 가치가 있느냐는 질문을 제기할 때 지극히 회의적인 답변밖에 나올 수 없는 것도 어쩔 수 없는 사실이다.

영국의 희곡작가 아놀드 웨스카는 이러한 회의에 대한 예비적(豫備的) 질문으로 다음과 같은 세 가지 질문을 제기했다.

① 생활하는 데 충분한 돈을 얻고 있는가?

② 자기가 쓰고 싶은 것을 쓰고 있는가?

③ 누군가가 '내가 말하는 것'을 들어 줄 것인가?

아놀드 웨스카의 경우 제1의 질문과 제2의 질문에 대해선 긍정적이다. 생존에 필요한 돈이 생길 뿐만 아니라 어느 정도 제대로 생활할 수 있으며, 둘째 질문에 대해서도 전혀 타협(妥協)하지 않고 원하는 것을 쓸 수 있으며, 가치 없다고 생각한 것을 한 적은 없다는 것이다. 그러나 셋째 질문에 대해선 부정적이다. 그는 영국의 총인구 약 5천 8백만 가운데, 매일밤 20만 명이 극장에 가서 연극을 보며 2백만 명이 영화관에 가고 4백만 명이 텔레비전을 본다는 통계를 인용해서, 이러한 사실로 미루어 아무도 들어 주지 않는 것과 다름이 없다고 결론짓고 있는 것이다.

우리의 경우, 한국 연극인의 경우, 어떠한가? 불행히도 웨스카의 경우와는 달리 세 개의 질문에 대해서 처음부터 끝까지 부정적이다.

우선 연극행위로서 생활에 충분한 돈을 얻고 있는 연극인은 전무(全無)하다고 해도 과언이 아니다. 하면 할수록 더욱 주머니를 털어야 하는 예술이라는 편잔은 아직도 엄연한 사실이며 이 점에서 한국의 연극인은 아마추어의 한계를 넘어설 수 없다.

둘째로 연극행위에 대한 자유, 절대적인 자유를 생각할 때도 역시 부정적이다. 비상시국하에서의 일시적인 유보라든가, 공연법에 의한 제약 등, 법적인 구속 외에도 사회적 편견, 사회적 섹트(Sect)의식의 구속을 받으며 경제적 제약, 극장의 가난, 무대의 가난 등 연극행위를 위한 수단을 거의 갖고 있지 못하다. 우리는 우리가 하고 싶은 연극행위를 타협 없이 할 수 있는 여건을 갖추지 못하고 있는 것이다.

셋째로 아놀드 웨스카는 5천 8백만의 영국 인구 가운데 매일밤 극장에 가는 인구가 20만을 넘지 못한데에 한탄을 하고 거기에 대한 문제점을 논하고 있지만, 4천만 인구가 넘는 한국에 매일밤의 관극 인구를 평균 6백 명 정도밖에 잡을 수 없다면 이것은 문제 이전이라고밖에 표현할 도리가 없다.

이렇게 볼 때 연극이란 그것을 필생의 보람으로 생각하고 할 만한 가치가 도저히 없다고 하겠으며, 이 점에서 각 나라와 지역의 차이는 있겠으나 어느 정도 공통된 결론을 얻게 되는 것이 아닐까. 또한 웨스카는 희곡작가로서 이러한 의문을 제기하고 있지만 연극이란 희곡으로서 끝나지 않고 무대에 올려놓는 집단적 창조라는 점을 고려한다면 그 어려움은 더욱 커진다고 하겠다. 개인적으로 할 만한 가치가 없다고 판단되는 예술을, 더욱이 집단적으로 모여서 해야 한다면 그 어려움은 배가 된다고 하겠다.

그러나 바로 그러한 이유로 해서 연극이 현대에 계승되고 살아남아야 한다고 연극인들은 주장한다. 이를테면 옛날 도시에서와 같은 진정한 의미의 광장을 현대의 도시에서는 찾아볼 수 없다면 그러한 광장으로서 연극은 현대의 도시와 마을에도 뿌리를 박아야 하며, 모든 것이 기계화되어 가고 인간성이 말살되어 가고 있다면 그 인간성을 지키는 마지막 교두보(橋頭堡)의 하나로서 연극은 지켜져야 한다는 것이다.

'실험', '새로움' 또는 '전위'라는 어휘가 연극과 어떻게 어울릴 수 있는지는 의문이다. 대저 관객을 전제로 하는 연극이 진실로 실험적인 성격을 띨 수 있는 것인지, 새로움이라든가 전위라는 말은 어느 시기에 어떤 것과의 관계에 있어서만 성립될 수 있는 것이 아닐까? 어느 시기에 전위가 머지않아 후위가 되고 실험적인 것이 전통적인 것으로 둔갑한다는 것은 하나의 숙명이 아닌가.

그리하여 종래의 연극적인 것을 부정하고 나섬으로써 이른바 반연극적인 작가로 각광을 받은 유젠 이오네스코 같은 작가가 오늘날에는 전통의 입장으로 돌아와서 현대의 고전적인 작가가 되어 시치미를 떼고 있다.

그러니까 허구한 전위적인 무대는 한낱 신기루처럼 사라져 가든지, 고전으로서 굳어지는 두 과정을 밟게 마련이다. 그러나 이러한 현란한 '새로움'과 '전위'의 연속이 연극의 성격을 본질적으로 바꿔 가고 있는 것은 틀림없는 사실이며, 그래서 관객을 어리둥절하게 만들고 관객층을 마치 회화에 있어 구상과 추상의 지지자가 대립하듯이 둘로 갈라 놓고 있다.

연극은 관객이라는 살아 있는 집단이 있기 때문에 회화나 음악에 비해서 30년은 뒤떨어지게 마련이라고 한다. 그러나 오늘의 이른바 새로운 연극은 이 30년을 뛰어넘었고, 그래서 또 하나의 위기가 제기된 것이 아닐까……. 연극은 이제 줄거리를 좇는 이야기가 아니라 일종의 사상의 언어이며, 형이상학적 또는 교훈적 전개의 짜임새 있는 이야기가 아니라 어떠한 문제를 캐내는 밭이며, 인간의 조건의 분석적 시위(示威)가 아니라 우리의 고뇌와 헤맴을, 이야기하는 대신에 보여 주는 것이다.

언어는 이제 연극의 대상적 구체물이 되고 행위가 되었다. 그 자체가 고유의 세계를 만들어 내는 행위가 되고, 보다 현실적인 존재가 된 것이다.

여기에 노출된 중요한 특징은 '줄거리의 부정', '언어 기능의 파괴', 분명한 짜임새 대신에 '흐리멍덩한 애매성', 조리 있는 것과는 대조적인 '부조리'—그리하여 '문학성'보다는 '연극성'을 강조하려 든다. 이러한 새로운 연극의 물결이 종래의 문학적 취향이 짙은 연극 애호가들을 당황케 하고 격렬한 논쟁을 불러일으킨 작품 자체에 있어서의 새로운 시도들과 병행해서 또 하나 이들 새로운 연극인들의 집념은 무대와 관람석의 장벽을 제거하는 것이다.

배우와 관객이 전통적인 장벽으로 갈라져 있고 그리하여 배우는 적극적이고 관객은 수동적이라는 데 염증을 느끼고 새로운 양식을 추구하려는 것이다.

'해프닝'이라든가 '살롱 드라마', '카페 테아트르'같은 극장 아닌 극장의 출현은 관객과 배우와의 관계에 새로운 관념을 제기한 것이다. 배우와 관객이 작은 공간에 뒤섞여 있다. 무대라는 특별한 공간이 필요없다. 연극적 행위는 움직이지 않는 참가자(관객)와 움직이는 참가자(배우)와의 사이의 협동으로 이루어지는 것이다. 그것은 누군가가 말한 것처럼,

'제시와 폭발의 장소이며 도전(挑戰)의 장소이다.'

해프닝도 다분히 비슷한 꿈을 갖고 있다. 그것은 배우와 관객과의, 주체와 객체와의 관계를 넘어서려는 '집단의 꿈'이라고 할까……. 그것은 모든 성질의 터부를 넘어서 있는 집단의 무의식의 충동을 해방함으로써 인

간에게 존재하는 참된 의미를 회복시켜 주려고 한 것이다. 체험과 환각(幻覺), 현실과 공상이 미리 꾸며지지 않는 일은 연극적 쇼크로서 결합되는 것이다. 거기에는 엄청난 미학적·철학적 야심이 깔려 있음을 부정할 수는 없다. 그러나 대체 이러한 미학적 위험은 어디까지 갈 것인가. 서로 모순된 허구한 경향에 찢기고 촌단(寸斷)되어 한 시대의 연극이 통일성을 잃어도 된단 말인가? 전위극이란 모든 것에의 해방을 내세우면서 기실은 전위극 자체의 틀에 박혀 안주하고 있는 것이 아닌가?

오늘의 한국 연극은 구미 연극(歐美演劇)과는 전혀 다른 의미에서 위기를 맞이하고 있다. 즉 구미 연극이 지나친 미학적 모험으로 갈피를 못 잡고 방황하는 느낌이며, 거기에서 하나의 위기를 본다면 한국의 연극은 지나치게 종래의 미학에 얽매이고 고정관념에 사로잡혀 있다는 느낌이 들며 거기에 한국 연극의 위기가 있는 것이다. 전위라는 말이 어떠한 오해를 받아 왔건 간에 전위란 자유이며 고정관념에서의 탈출이라 할 수 있다. 이 점에서 한국 연극은 전위에 나설 새로운 병력을 보충하지 못하고 침묵과 반복에 쫓기어 낙후하고 굳어져 가고 있다고나 할까……. 우리는 최근 중요한 과제에 부딪치고 있다. 우리의 연극적 유산과 서구 연극을 어떻게 융합, 조화시켜 오늘의 한국 연극을 창조할 것인

가. 물론 이 두 개의 서로 다른 형태의 연극을 융합시키려는 생각부터가 잘못된 생각일는지 모른다.

가면극(假面劇), 꼭두각시 놀음, 창극 등을 그것대로 정리·보존하거나 계승·발전시킬 것이지 서구 연극의 형식 속에 이식하려는 생각은 처음부터 잘못이었는지도 모른다는 것이다.

사실 따지고 보면 우리의 연극적 유산은 내용보다 형식이라 하겠으며 그런 점에서 서구 연극의 내용을 우리의 형식 속에 담는다든가, 한국적 정신을 서구 연극의 형식 속에 담는다는 것은 뜻은 있을지 모르나 형식과 형식을 접붙이려는 것은 오히려 미학적 혼란만을 가져오는지도 모른다. 다만 여기서 흥미 있는 것은, 우리의 창작극이 지나치게 문학성에 의지하고 있는 느낌이라면 우리의 연극적 유산이 강렬한 연극성을 내포하고 있어 우리의 연극적 유산에의 관심이 오늘의 연극계에 활력소의 구실을 하고 있다는 것이다. 낡은 것으로 생각했던 우리의 것이 오히려 현대적이라는 것은 하나의 아이러니가 아닐 수 없다.

관극 노트

1. 파리의 연극
- 1958~1959

 파리에서 진짜 여름의 맛을 보기는 퍽 힘들다. 회색 지붕과 보도 위에 태양은 헛되이 번쩍일 뿐 시골의 여름에서 볼 수 있는 무성(茂盛)과 색채의 곡예를 찾아볼 수 없다. 그래서 파리지앵들은 7,8월엔 모두 시골로, 바다로 떠나는 것이다.

 그러나 영원한 여름을 찾아 헤매는 그들의 발길에 또 하나의 계절이 잠자리처럼 와서 멎는다. 가을 …… '아듀, 너무나 짧은 우리들의 여름의 세찬 빛이여!' 보들레르의 시의 한 구절을 가슴속에 외우며 그들은 다시 돌아오는 것이다.

 아니, 그들은 이 돌아오는 날을 무척 마음의 한구석에서 기다렸는지도 모른다. 파리지앵은 어디로 가나 곧 권태 속에 사로잡히고 만다. 그럴 때 그들은 허둥지둥 파리의 자유로운 공기를 마시기 위해서 되돌아오는 것이다. 이처럼 그들의 마음을 사로잡는 파리의 매력 중에서 무엇보다도 구미를 당기는 것은 연극이다.

 파리의 새로운 연극은 가을과 더불어 시작한다. 문을 닫았던 50여 개의 극장이 일제히 새로운 레퍼토리나 전년에 호평을 받은 작품의 앵콜 공연을 가지고 새로운 계절을 단장하는 것이다. 어떠한 신성(新星)이 나타나기도 하고 어떠한 명배우가 혹평을 받고 매장되기도 하고, 어느 작품은 혹평을 받고, 어느 작품은 선풍같은 인기를 독점하기도 한다. 이러한 극계와 흥행계의 희비(喜悲) 속에 관객들은 무대 위에 재생된 인생 속에 어떤 의미를 찾는가. 그들은 자신의 애락(哀樂)을 그 속에서 엿보기도 하고, 어떤 친구들은 극장에의 초대를 그들 연애의 출발점으로 삼기도 한다. 요컨대 연극은 파리인의 생활에 불가결한 것이다.

58년 가을의 연극 계절은 연극팬들의 가슴을 여느 때보다도 더 울렁거리게 했다. 하나는 장 루이 바로 극단과 무언극(無言劇)의 태두(泰斗) 마르셀 마르소 극단이 오랜 해외 순회공연에서 돌아온 것과 앙리 드 몽텔랑, 알베르 까뮈, 장 폴 사르트르 등 문단의 중진들의 신작에 대한 기대 그리고 호화로운 연기진의 경연 등, 가슴이 부풀 수 밖에 없었다고나 할까. 쎈느강의 좌안(左岸)과 우안(右岸)의 극장들을 쫓아다니면서 나는 나대로의 흥분과 감격을 맛볼 수 있었다.

오랜 미국 순회공연에서 돌아온 마르셀 마르소 극단은 무언극의 신작들을 가지고 파리의 충실한 팬들과 190년의 역사를 가진 암비규 극장에서 재회한 것이다. 고골리의 소설을 각색한 〈외투〉는 저류에 흐르는 휴머니티를 표현하는 데 성공한 훌륭한 무언극이었으나 나에게 더 흥미를 준 것은 짤막한 스케치들이었다. 흔히 무언극하면 언어를 동작으로써 대신하는, 말하자면 벙어리의 흉을 내는 연극으로 생각하였다.

그러나 실상은 언어로서는 도저히 표현할 수 없는 감정의 심연을 표현하는 것이 판토마임인 것을 나는 어렴풋이 깨달았다. 언어가 가진 허위(虛僞)를 배척한 그들은 단순한, 그러나 진실을 이야기하는 몸짓으로서 인간의 정열과 생의 단면들을 재생하고자 꿈꾼 것이다.

장 루이 바로 극단의 파리 무대로의 귀환은 가장 많은 화제를 불러일으켰다. 전위적인 기질을 벗어나지 못한 바로는 카프카의 〈성(城)〉과 세아데의 〈바스코 이야기〉를 가지고 파리의 관객을 맞았다. 애당초 카프카나 세아데의 작품을 사라 베르나르 극장 같은 대극장의 무대에 올려놓는다는 것은 흥행면에서 볼 때 더없는 모험이었다.

그런데 설상가상(雪上加霜)으로 군소 신문잡지의 지지는 받았으나 피가로, 르 몽드 같은 대신문의 비평가들이 반기를 들어 재정적으로 큰 곤경에 빠졌다. 그들 비평가들은 '왜 그러한 고독의 세계를 무대에 올려놓으려 드느냐, 자신을 위안하기 위해인가?'라고 공격하는가 하면 상업 비평가들은 '누굴 암살(暗殺)하려 드느냐?'라고 외쳤다. 그리고 젊은 전위적 연출가나 작가들은 바로에게 동조해서 소위 '비평의 독재'에 대한 폭동(暴動) 같은 것을 꾀해 보는 것이었다.

그러나 결국 바로는 레퍼토리를 바꾸지 않을 수 없어 아누이의 〈레페티송〉을 들고 나왔으나 재정적 손실을 회복할 수 없어, 마침내 19세기의 부르봘 작가 빅토리앙 살두의 작품 〈버릇없는 부인〉을 공연함으로써 겨우 균형을 되찾았다. 그리고 바로의 부인인 마드렌느 르노의 연기는 속된 부르봘극을 시화(詩化)하는 것 같은 착각을 나에게 주는 것이었다.

11월이 되자 바로 극단은 사라 베르나르 극장에서 파레 루와이알 극장으로 옮겨갔다. 그곳에서의 레퍼토리 〈쥬단의 신〉은 클로델의 희곡의 절정을 이룬 작품이라고 믿어졌다. 바로크한 구조, 그러나 시적인 통일성, 시간과 장소의 비약, 그러나 단 하나의 숙명적인 계기(契機), 어쩌면 비빔밥같이 느껴지는 이 작품이 실상은 클로델적인 우주(宇宙)를 이루고 있음을 알 수 있었다.

물론 이 작품도 〈파리의 인생〉 같은 대조적인 작품을 공연함으로써 그 재정적인 손실을 메꾸어 나가야 했다.

한편 국립대중극장(國立大衆劇場)의 장 비라는 캐나다와 미국의 유명 대학의 짧은 순회공연에서 돌아와 파리의 관중들에게 뮈세의 〈마리안느의 기상(奇想)〉, 지드의 〈오이디푸스 왕〉과 메리메의 〈셍 사스르망의 마차〉를 가지고 새 계절의 랑데뷰를 마련하였다. 제랄 필립과 젠느비에브 파즈가 주연한 〈마리안느의 기상〉은 젊은 관중의 구미에 알맞는 것이었으며, 지드의 〈오이디푸스 왕〉은 높은 문학적 향기에도 불구하고 지나치게 다듬어짐으로써 메마른 감이 드는 무대였다.

두 개의 코메디 프랑세즈에서는 라신느, 코르네이유, 몰리에르의 작품 외에 라비슈, 뒤세, 마리보, 쿨 트린느 등의 작품이 레퍼토리에 올라 있었으며, 현대작가의 것으로는 아르망 살라크루의 〈평범한 사나이〉와 사샤 기트리의 〈질투〉가 공연되었는데, 레퍼토리 선택에 있어서도 초연(初演)보다 재공연이 많은 것을 볼 때 최근 코메디 프랑세즈의 활동이 어쩐지 답보하는 감이 들었다.

기대되었던 앙리 드 몽텔랑의 신작 〈동 쥐앙〉은 왕년의 명배우 주베의 극장이었던 아테네 극장에서 드니스 그레이, 피엘 브라셀의 주연으로 각광을 받았는데 예기했던 것과는 반대로 한 달 남짓한 기간을 겨우 지탱하고는 프로그램을 바꾸고 말았다. 지나치게 대사의 장엄성을 노린 결과 연극성을 상실한 그런 인상을 주는 무대였다.

파리의 시즌 58,9년은 미국 희곡작가들에겐 커다란 승리의 해로 기억될 것이다. 아서 밀러의 〈다리에서의 조망(眺望)〉과 윌리엄 지부송의 〈그네 위의 두 사람〉 그리고 어윈 쇼의 〈루시 크라운〉 등이 그 주요한 것이다. 아서 밀러의 〈다리에서의 조망〉은 이탈리아의 인기 배우 라프 봐론네의 적역으로 크게 성공하였고, 〈그네 위의 두 사람〉은 등장인물이 단둘로, 장 마레와 아니 지랄도가 쓰라린 과거를 가진 사내와 지나친 선의의 여인을 완벽하다고 볼 수 있는 이탈리아의 연출가 루키노 비스콘티의 연출로써 무대 위에 창조하는 데 성공하였다.

특히 3분의 2 이상의 연극의 부분을 해내는 지랄도의 정력적인 연기는 감탄할 만한 것이었다. 〈루시 크라운〉 역시 그 성공의 원인을 미국식 심리분석과 아동 이상심리 등 원작의 주제에서 찾느니보다는 파리극장에서 주선한 그 배역에 있다 할 것이다. 특히 〈쌍두(雙豆)의 독수리〉 등으로 우리나라에도 소개된 에드위지 페이엘의 명연기는 이 1천5백의 좌석을 가진 대극장을 연일 만원으로 만드는 데 충분하였다. 25년이라는 세월이 무대 위에 흐른다. 그러나 에드위지 페이엘은 교묘하게 이 세월에 적응해 간 것이다.

최근에 데뷔한 프랑스의 극작가 중에서 펠리시앙 마르소는 가장 앞날이 촉망되는 작가이다. 그는 부르빨작가다운 일면을 가지고 있으면서도 그 주제를 다루는 데 있어서의 심각성과 현대사회에 대한 풍자 등으로 해서 어느 한 카테고리 속에 간단히 분류할 수 없는 작가라고나 할까. 그의 첫 작품 〈달걀〉은 프랑스의 희극에서 흔히 취급되는 아내에게 놀아나는 남편을 다룬 현대판 '코큐(오쟁이 진 사나이)' 이야기인데 이 작품의 밑받침은 몹시 어두운 현실인 동시에 작가는 모든 현대인을 포로로 만드는 현대의 제도에 대한 심각한 풍자를 시도하고 있는 것 같다.

이 작품은 3년동안 아트리에 극장에서 속연됨으로써 마르셀 아샬의 〈간자〉와 더불어 최고의 공연기록을 올리고 있다. 그의 최근작 〈돈〉은 주무나스 극장에서 공연되었는데, 돈 없이 가난한 생활을 할까 봐 두려워하는 평범한 여인의 일생을 그린 것으로 재치있는 대화와 명배우 마리 벨과 〈사형대의 엘리베이터〉로 우리나라에도 소개된 잔 모로 등의 호화 배역으로 적어도 1, 2년은 이 극장의 무대에서 물러나지 않을 것이다.

이외에 뉴욕 공연에서는 실패한, 어디까지나 프랑스 기질의 희극 〈감자〉가 4년째에도 여전히 초만원을 이루고 있으며, 세계를 휩쓴 듯한 감이 있는 〈안네의 일기〉가 몽파르나스 극장에서 최근 인기가 상승하고 있는 파느갈 오드레의 안네역으로 2년째 좋은 흥행성적을 올리고 있다.

이렇게 파리의 극장계를 살펴볼 때 상업적 수지 타산

이 얼마나 지상명령(至上命令)인가를 알 수 있다. 그래서 뷰 콜롬비에 극장이나 스타디오 드 샹제리제에서 클로델의 〈인질(人質)〉이나 〈네오렌느 소녀〉를 공연하면 동호인(同好人)들은 서로 걱정하고 성원한다. 또 때로는 전위적 작가 이오네스코의 작품이 백 명 내외를 수용하는 유세트 극장에서 실험되다가 몇 년을 속연하게 되는 기적 같은 일도 일어난다.

예술과 흥행……. 의욕 있는 연기인들은 어떻게 하면 관중을 그들의 취미에 맞게 개조(改造)할 것인가 하고 궁리하기도 한다. 때로는 관객을 무시하고 때로는 아첨하고……. 다만 그들은 어떤 일이 있어도 극장의 문이 우리나라처럼 닫혀서는 안 된다는 것을 안다. 그래서 새로운 연극의 계절은 다시 시작되는 것이다.

여기서 이야기한 계절 58,9년은 이미 끝나고 새로운 연극 계절이 파리에는 깃들어 가고 있을 것이다. 값이 싼 푸라이에(무대에서 거리가 먼 상층좌석. 닭장의 닭처럼 고개를 내밀고 연극을 보게 된다)의 표를 사기 위해 매표구 앞에 줄을 서며 맛보던 지난날의 흥분을 가슴 한구석에서 헛되이 찾아보려 한다. 예배당이나 절간을 하나도 갖지 못한 신도(信徒)처럼 극장이 하나도 없는 우리의 수도에서 나는 산다고 생각할 때 새삼 쓸쓸한 마음이 든다. 참으로 연극을 전문으로 하는 극장 하나쯤은 우리도 가져야겠다.

— 59년 10월

2. 내가 본 뉴욕의 나체극(裸體劇)

— 1970 년

연극을 좋아하는 사람으로서 뉴욕처럼 신나는 도시는 없을 것이다. 브로드웨이라는 명칭이 뉴욕 극단의 대명사이던 시절에는 상업주의에 얽매인 호화로운 무대, 지극히 관습적인 연극밖에는 기대할 수 없었다. 그러나 그 양상은 전혀 달라졌다. 브로드웨이, 오프 브로드웨이, 오프 오프 브로드웨이라는 유별(類別) 아래 가장 전위적인 시도에서 가장 상업적 흥행이 허다한 양식의 극장에서 무성하게 펼쳐지고 있는 것이다.

넓은 로비에 융단이 깔리고 샹들리에가 으리으리한 브로드웨이의 극장에서는 〈헬로 돌리〉나 〈코코〉 같은 뮤지컬이 아직도 판을 치고 있지만 맨해턴 지구(地區)의 끝머리에 있는 그리니치 빌리지의 어수룩한 뒷거리, 차고나 창고 또는 교회를 개조한 소극장들에서는 관습적인 무대 미학을 거부한 새로운 시도들이 세계 연극의 주목을 끌고 있는 것이다. 그 대표 선수들로 오픈 시어터(Open Theatre), 리빙 시어터(Living Theatre),

퍼포먼스 그룹(Performance Group) 등의 이름을 들 수 있으며, 그들의 격렬하고 혼돈된 모반은 고민하는 미국 문화의 역설 속에서 그 존재가치를 발견할 수 있는 것이다.

그들은 그들의 시도를 뒷받침하는 새로운 연극이론을 단행본으로 발간하고 있지만 쉽게 생각해서 두 가지 점으로 요약할 수 있을 것 같았다. 즉, 즉흥적 요소의 존중, 제전적(祭典的) 성격의 회복, 그리하여 거기에는 필연적으로 제전적 의식에 묶인 군중, 종족(種族)과 그 자유를 향해 광적으로 발버둥치는 개인의 갈등이 드라마를 형성한다고 할까······. 무대상(舞臺上)의 공간처리도 아무런 원칙이 없는 멋대로의 것을 느끼게 하는데, 이는 잭슨 폴록(Jackson Pollock)의 회화 기교(繪畵技巧), 올 오버(All Over), 즉 중심이란 없으며, 모든 공간의 모든 부분은 저마다 같은 비중을 가지고 살고 있다는 이론을 도입한 것인지도 모른다.

이러한 점은 연기면에도 다분히 적용되어 있는 듯이 느껴졌다. 인체에 있어 머리와 성(性)의 지배라는 관념을 타파하고 온 몸으로 표현한다는 생각이 그것이다. 발가락이나 손가락, 또는 으레 가려져 있어야 할 이른바 치부(恥部), 이러한 인체의 모든 부분들이 얼굴이라는 부분에 못지않게 중요한 연기의 재료가 된 것이다.

이 밖에 여러 가지 변명이 있겠지만 하여튼 미국 연극의 무대에서는 흔히 배우들의 알몸을 볼 수 있다.

뮤지컬이나 실험적인 연극에서 배우들은 흔히 싱겁게 옷을 벗어 버린다. 옷을 송두리째, 지극히 싱겁게 남녀 배우가 벗어 던지고 완전히 알몸으로 무대상에서 연기를 한다는 것, 그것은 미국 연극에서는 그렇게 신기한 일이 아니다. 그러나 나 같은 동방예의지국(東方禮儀之國)의 보수적(保守的) 위인에겐 눈뜨고 보기가 약간 거북한 일이기도 하지만 그만큼 커다란 호기심의 대상이 아닐 수 없다.

보고 나면 싱거운 일일는지 모른지만 뉴욕 체류 16일간의 스케줄 속에 〈오! 캘커타!〉와 〈헤어〉의 관극을 빠뜨릴 수는 없는 일이었다. 다만 나의 이러한 호기심이 쉽사리 이루어질 수 없었던 것은 나의 뉴욕 관극을 위한 극장표를 알선해 준 미국의 I.T.I(국제연극협의기구)가 〈오! 캘커타!〉나 〈헤어〉의 표를 구하는 데 애를 먹었기 때문이고, 더욱이 기왕에 볼 바에는 아주 가까운 거리에서 제대로 보기를 원하는 나의 주문도 있고 해서 그만큼 표를 구하는 데 힘이 든 것이다.

20달러짜리 좋은 표는 이미 매진되어 암표로 나돌고 있었고 나머지 10달러가 넘는 전 좌석이 매회 매진된다니 흥행면에서도 얼마나 성공한 것인가를 알 수 있다. 〈헤어〉의 경우는 미국에서도 샌프란시스코, 로스앤젤레스, 라스베가스에서도 공연되고 있었고, 런던, 파리의 〈헤어〉 공연은 뉴욕의 〈헤어〉에 못지않다는 평도 있고 해서 〈헤어〉는 뒤로 미루는 한이 있더라도 〈오! 캘커타!〉는 뉴욕에서 꼭 보고 싶다는 것이 나의 희망이었다.

〈오! 캘커타!〉라는 제명이 무엇을 뜻하는 것인지 나는 아직도 모른다. 그러나 엉덩이의 곡선을 최대한으로 살린 뒤로 돌아누운 여인의 나체로 구성된 신문광고와 포스터 간판에 끌려 에덴 극장으로 갔다.

에덴 극장은 오프 브로드웨이에 위치하고 있으며, 따라서 쇼 가이드의 잡지들에서도 오프 브로드웨이로 분류하지만 오프 브로드웨이의 소극장의 개념에는 해당되지 않는, 객석이 5백 석 정도의 중극장(中劇場)이었다. 브로드웨이와 오프 브로드웨이의 극장은 세금과 과세율이 다른데, 그 기준이 객석이 3백 이상 되는 것과 3백 석 미만 되는 것으로 구별한다는 것이다.

그래서 링컨센터의 소극장이 290석인 것은 오프 브로드웨이의 소극장으로서의 혜택을 받기 위해서라는 것이었다. 그러니까 극장의 위치와는 관계없이 객석수(客席數)에 의해서 브로드웨이와 오프 브로드웨이를 구분한다면 〈오! 캘커타!〉를 공연한 에덴 극장은 브로드웨이로 구분하는 것이 타당할 것이며, 공연의 내용도 실험적이라고는 볼 수 없었다.

꽤 무더운 뉴욕의 초여름 저녁, 그러나 모여든 관객들은 모두가 정장을 하고 있었다. 다만 그들의 눈에 호기심이 빛나고 있었다고 할까…….

막이 오르기 전 무대에는 신문이나 포스터의 광고에 쓰인 여인의 엉덩이가 무대 전면에 슬라이드로 투사되었다. 우리는 일종의 성의 제전에 초대되었다고 엄숙한 표정으로 앉아 있을 수도 있을 것이며, 일종의 포토그래프를 들여다볼 때의 겸연쩍음을 감추지 못하고 거북하게 기다리고 있을 수도 있을 것이다. 또한, 도시의 눈에 보이지 않는 구속에서 벗어나 일종의 해방감을 즐기며 미소를 머금고 의젓이 앉아 있을 수도 있을 것이다. 다만 여성 관객들이 남성 관객들보다도 더 신나는 표정을 짓고 있는 것으로 느껴졌다. 사내들이란 대체로 이런 장소에서는 여자들보다도 초라하게 마련이다.

〈오! 캘커타!〉, '오!'와 '캘커타!'에 저마다 감탄부호가 붙는 이 작품은 꽤 유명한 연극평론가 캐니스 티난의 아이디어에 따라 자크 레비가 연출한 것으로 되어 있는데, 전체가 하나의 통일된 작품으로 된 것이 아니라 열 개 정도의 스케치와 에로틱한 발레를 연결한 것으로 연극성이 강한 뮤지컬이라기보다도 레뷔의 성격을 띤 뮤지컬로, 솔직히 말해서 파리의 폴리 베르제르(Folie Bergére)의 쇼와 다를 게 없다는 생각이 들었다.

보다 노골적이고 대담한 성의 풍속도, 다만 폴리 베르제르의 레뷔가 빌로드나 레이스로 나체를 감싸는, 그러니까 최대한으로 알몸을 드러내 보이면서도 감춘다는 데 악센트가 간 에로티시즘을 채택하고 있다면, 〈오! 캘커타!〉는 서슴지 않고 모든 것을 벗어 던지는, 감춘다든가 숨긴다는 강박관념(强迫觀念)에서 깨끗이 탈피한 점이 다르다고 할까……. 이 점에서 외설을 가지고 논한다면 화제(話題)를 일으킨 것만큼 대단한 문제가 되는 무대라고는 할 수 없을지 모른다.

막이 오르면 '옷을 벗어던지는 것'(Taking off the robe), 그러니까 현실에서의 탈출, 모든 제약에서의 탈출을 의미한다고 생각하는데 프롤로그에 해당하는 이 부분과 중간의 몇 개 부분은 말고 사벵그톤의 안무(按舞)에 의해서 완전 나체의 발레로 표현되며, 인간의 나체를 통한 시(詩)가 어느 정도 추구되었다고 말할 수 있을지 모른다.

하여튼 말고 사벵그톤의 안무는 너무나 통속적인 공연 내용에 한가닥 시정(詩情)을 불어넣어 주고 있는 것은 사실이다. 이어서 '딕'과 '제인', '자크'와 '질', '달콤한 모욕' 등 어느 에로잡지에서나 흔히 볼 수 있는 남녀간의 러브신이 대담하게, 그러나 지극히 평범하게 전개된다. 이거야 아무리 전 나체를 때로 드러내 보인다지만 구미 카바레의 몇 개 쇼를 본 적이 있는 사람이면 따분하고 하품이 나오게 마련이다.

그러나 때로 양념처럼 현대의 성생활(性生活)에 대한 짤짤한 풍자가 곁들여지기도 한다. 이를테면 '그건 당신에게도 좋았느냐?(Was it good your too?)' 같은 신(scene)…….

병원의 수술실. 흰 가운을 입은 두 의사와 두 간호부 그리고 두 남녀. 이제 어떤 수술이 행해질 것 같은 눈치이다. 두 남녀가 옷을 홀랑 벗는다. 어디가 아픈 것 같지는 않은 건강한 남녀가 수술대 위로 올라간다.

그들은 수술을 받는 것이 아니라 성행위(性行爲)가 남녀의 인체에 미치는 반응을 연구하는 실험대 위에 올라선 것이다. 의사의 지시에 따라 그들은 성행위를 전개하고 그에 따라 혈압·체온 등의 변화가 측정기에 표시된다. 의사와 간호원들은 바삐 돌아가고 실험대 위의 두 남녀는 열을 올린다.

그러한 분위기 속에서 실험기구를 조절하는 의사는 간호원의 젖가슴을 실험기구의 핸들로 착각하기도 하고 이럭저럭 폭소를 자아내게 하기도 하는데, 거기에는 현대인의 성에 대한, 특히 미국 사람들의 성에 대한 '강박

관념'이 풍자되고 있었다. 지극히 통속적이며 에로틱한 레뷔, 이런 건 카바레의 무대에나 갖고 갈 일이지 명색이 극장이라는 무대에 올려놓는 건 별로 환영할 만한 일이 못 되며, 더욱이 뮤지컬이건 무엇이건 간에 연극의 카테고리 속에 이런 레뷔를 넣을 수 없다는 의견에 나 역시 대체로 동감이지만, 나체의 발레 부분에서 볼 수 있었던 시정이나 또는 극적 전개에서 때때로 볼 수 있었던 이러한 유머 정신은 한가닥 구원이라고 말할 수 있을는지 모른다. 예술적으로 그다지 대단한 것이 못 된다는 데에 나는 전적으로 동감이지만 그러나 옷을 벗는다고 해서 외설이라고만 할 수 없다는 의견에도 일리가 있는 것으로 느껴졌다.

사실 나는 〈오! 캘커타!〉의 무대에서 별로 외설적인 것을 느낄 수 없었으며, 오히려 외설적인 것을 느꼈다면 관객들의 반응에서 오히려 외설적인 것을 느낄 수 있었다. 특히 여성 관객들의 반응에서……. 내 생각에는 구미 여성들이란 대체로 파렴치한 데가 있으며, 흔히 나같은 봉건적 위인의 눈살을 찌푸리게 한다. 이를테면 무대에서 약간의 자극적인 장면이 연출되면 남성 관객보다도 여성 관객이 방약무인한 간드러지는 웃음을 터뜨리는 데는 그저 어안이 벙벙할 뿐이었다. 동양의 여성이었다면 적어도 그런 데서 비록 속으로 웃음을 머금을망정 수줍음을 나타내고 잔잔히 바라보고 있었을 것이라는 생각이 들었다.

이러한 여성의 수줍음을 요구하는 것은 남성들의 이기주의일는지 모르지만 그건 남녀의 성 사이에 하나의 필수조건이 아닐까……. 포토그래프다. 프리 섹스다 해서 북구에서 시작한 여성들의 파렴치는 〈오! 캘커타!〉를 공연하는 에덴 극장의 관람석에도 넘쳐 흐르고 있었다. 그걸 외설적이라고 할 수 있는 것인지는 의문이지만 하여튼 여성 관객들의 반응은 저절로 나의 눈살을 찌푸리게 했다. 〈오! 캘커타!〉는 '옷을 벗는다(Taking off the robe)'로 시작해서 '같이 와서 같이 간다(Coming together, going together)'는 에로틱한 발레로 막을 내린다.

현대인의 성의 풍속도를 풍자적으로 스케치하여 성의 해방과 자유 그리고 예찬을 뮤지컬로 표현하려는 캐니스 티난의 의도는 지나친 상업적 성공으로 중상의 대상이 되고 요란한 화제의 대상이 된 것이지, 지나친 나의 호기심에 비해서는 그저 싱거운 하룻밤의 해프닝이었다.

미국 연극에서 옷을 홀랑 벗는 것으로 말하자면 〈오! 캘커타!〉만이 벗는 것은 아니다. 샌프란시스코나 로스앤젤레스의 이른바 전위적 극단의 공연이나 오프 브로드웨이의 실험적 공연에서 구실만 있으면 옷을 홀랑홀랑 벗

어떤지고 알몸으로 연기하는 남녀 배우를 보아왔다.

극적(劇的) 전개와 그 필연성에 따라 옷을 벗는다는 데는 별 이의(異議)가 있는 것은 아니지만 그러나 남녀 배우들이 극적인 전개의 필연성을 내걸고 너나 할 것 없이 옷을 벗고 알몸으로 연기한다면 곤란하다는 생각이 들었다. 배우가 무대에서 알몸으로 연기하면 그만큼 박진력이 있는 것으로 착각되기 쉽고 그래서 모든 배우가 옷을 벗는다면 곤란한 현상이 일어나지 않겠는가. 어떤 배우가 이제 배우의 조건으로서 아름다운 음성·얼굴·육체 외에 그 부분까지도 잘생겨야 하냐고 불평하는 것을 들었지만 하여튼 옷을 홀랑홀랑 벗는 것은 결국 관객들의 잠재적 욕망에 굴복한 것이 되며, 배우들의 위치를 상대적으로 낮추는 것이 된다는 의견에 공감이 갔다.

옷을 완전히 벗고 무대에서 알몸이 된다는 데는 연극인들 사이에도 뚜렷이 의견이 갈라져 있으며, 연출가가 요구하면 알몸이 될 수 있는 배우와 그러한 요구를 완강히 거부하는 배우로 갈라져 있는 가운데 내가 본 미국 연극의 무대에서는 배우들의 나체노출증(裸體露出症)이 꽤 많이 범람해 있는 것으로 느껴졌다.

이러한 현상은 앞서 말한 것처럼 관객들의 취향에 아부하는 것도 있겠지만 미학적 이유가 전혀 없는 것은 아니다. 그들은 사회적 관습, 지나친 사회생활의 액세서리에서 해방되기를 원하며, 그리하여 알몸으로 무대의 진미(眞味)를 창조하기를 원하는 것이다.

내가 방문한 샌프란시스코의 어느 연기학교에서는 그들의 맥소드를 '오픈 핸드 액팅'이라 했다. 즉, '공수연기(空手演技)'……. 마치 한국이나 일본의 당수 또는 태권도와 같은 무술(武術)처럼 빈손과 알몸으로 연기를 해야 한다는 것이다. 서양의 무술이 지나치게 무기(武器)에 의지해 있듯이 그들의 연기가 지나치게 의상·소도구·세트 등에 의지했다고 지적하고 이제 그런 것들로부터 해방되어 '오픈 핸드(Open Hand)'로 연기를 해야 한다는 주장은 그럴싸하게 느껴졌다.

다만 이러한 주장이 진정한 의미의 예술적 실험으로써 나타나는 것만이 아니라 상업적 흥행을 위해 적용되는 경우가 적지 않은 것이다. 〈오! 캘커타!〉의 경우는 보다 후자에 속한다고 보는 것이 타당할 것이다.

〈헤어(Hair)〉는 결국 뉴욕에서 보지 못했다. 그러나 6월 하순 런던에 들렸을 때 세프트베리 극장에서 볼 수 있었으며, 그후 다시 암스테르담 공연을 볼 수 있었다. 무대에서 완전한 나체가 된다는 점에서 〈오! 캘커타!〉와 같은 화제를 불러일으킨 작품이지만, 상업적으로는 〈오! 캘커타!〉를 훨씬 능가하는 세계적 성공을 거두고 있을 뿐만 아니라 예술적인 면에서도 월등히 성공적인 무대였다. 다행이 런던 무대의 〈헤어〉는 뉴욕 초연의 연출가인 톰 홀간이 연출한 것으로 뉴욕 무대에 손색이 없다는 것이었다.

막이 오르면 연주되는 음악에 따라 30명 가량의 배우들이 히피 차림으로 객석을 통해 어슬렁어슬렁 등장한다. 작품에 특별한 줄거리가 있는 것도 아니고 그저 히피들이 제멋대로 놀아난다는 인상이다. 그러나 우선 갈트 맥다모트의 음악이 인상적이며, 그 음악에 실린 라그니와 레도의 가사에 마음이 끌린다. 그들은 무대에서 히피의 제전을 벌이며 따분한 관습에서 뛰쳐나와 제멋대로의 광(狂)을 벌인다. 관객들은 처음엔 저항을 느끼며 적어도 1부에서는 무슨 수작이냐는 듯이 바라보고 있다.

그러나 2부에 들어가서는 서서히 저항의 강도가 줄어들고 그들의 광에 휘말려 들어간다. 광에 휘말려든다기보다는 그들의 제전에 휘말려들고, 막이 내릴 무렵에는 배우들이 청하는 대로 상당수의 관객이 무대에 뛰어올라 춤을 춘다. 런던의 세프트베리 극장에서는 구경 온 찰스 왕자가 뛰어올라 배우들과 춤을 추는 바람에 말썽이 있었다고 한다.

이러한 분위기 조성에 있어서는 암스테르담 공연의

〈헤어〉가 런던의 〈헤어〉보다도 한층 인상적이었다. 암스테르담에서는 정상적인 극장에서가 아니라 스타디움에 가설된 극장에서 공연되었으며, 엄청나게 넓은 무대에 1천 명이 넘는 관객이 뛰어올라 춤을 추는 피날레는 나로선 색다른 체험이었다. 하여튼 〈오! 캘커타!〉의 경우에는 몰라도 〈헤어〉를 두고 외설적인 작품으로 비난할 수는 없을 것 같았으며, 등장하는 전 배우가 완전 나체가 되는 1부의 끝장면도 조명 탓도 있지만 음악에 끌려 그들이 완전 나체가 되었다는 사실을 미처 느끼지 못하고 지나쳐 버리는 경우가 많은 것이다.

미국이나 유럽 연극계에서의 외설 여부의 논쟁은 아직도 미해결의 장(章)이다. 〈헤어〉가 런던이나 파리 그리고 암스테르담의 무대에는 상륙했지만 이탈리아에는 아직도 상륙을 못하고 있으며, 〈오! 캘커타〉는 아직 유럽의 어느 극장에서도 7월 15일 현재 공연되지 않고 있었다. 그러나 7월 하순 런던에서 〈오! 캘커타!〉의 비공개 시연회가 있었으며, 이에 대한 영국 각 신문의 반응은 가지각색이다. 이를테면 타임즈는,

'지루하지는 않다……. 여러 가지 점에서 유치하고 너무 놀라게 하려고 애쓰고 있지만 그러나 사회에 해독을 끼칠 만한 것은 못 된다.'고 말하고 있는가 하면, 데일리 텔리그라프는,

'재미나고 비정한 무대…… 육체의 예찬 속에 시가 있고 유머가 있다'는 식으로 긍정적인 반응을 보이고 있다. 그런가 하면 더 미러나 더 선은 '구역질이 나도록 천박하다'고 표현하고 있고, 더 데일은 '엄청나게 따분한 무대'로 표현하고 있다.

그러니까 영국 신문들의 의견은 완전히 둘로 갈라진 셈인데 〈오! 캘커타!〉의 제작자인 연극평론가 캐니스 티난으로서는 바람직한 반응이었다고 볼 수 있을 것이다. 그가 두려워했던 것은 외설적이라는 비난을 받는 것이다.

왜냐하면 영국의 경우 연극 공연에 사전 검열은 없으나 관객중 한 사람이 외설적이라고 해서 고발을 하면 언제나 재판 사태로 발전할 수 있으며 사후 공연 금지가 있을 수도 있는 것이다.

'연극을 위해 이익을 가져오고 사회에 이익을 가져오는 것은 아니지만 커다란 해를 가져오는 것도 아니라면' 공연 금지(上演禁止)라는 최악의 사태는 일어나지 않으며, 캐니스 티난이 바란 것도 이러한 여론의 보장인 것이다.

하여튼 이 시연회의 암표는 백 달러가 훨씬 넘은 가격으로 팔렸다니 이럭저럭 런던 시민들의 호기심만 돋우어 놓은 셈이다.

뉴욕에서도 이런 외설 시비가 벌어지지 않은 것은 아니다.

지난해 3월 레녹스 라파엘의 희곡(戲曲) 〈체(Che)〉를 무대에 올린 극단의 전 단원은 '외설·남색(男色)·전도(顚倒)·연소자의 범죄유발(犯罪誘發)' 등의 죄명으로 아모스 바젤 판사에 의해서 그 첫날 공연에서 체포되었다. 그리하여 5천 달러의 보석금을 내고 그들은 재판의 증인으로 신문기자, 평론가들을 초청해서 비공개 공연을 가졌고, 작가 라파엘은 뉴욕 공연이 금지되면 배를 빌려 미국 영토를 벗어나 공연하겠다고 버티며 사회나 정치가 자기의 작품보다도 더 외설적이라고 응수하고 나섰던 것이다.

결국 재판부는 〈체(Che)〉의 공연을 허락했고, 실험적인 성격을 띤 이 작품은 흥행에서는 재미를 보지 못했다. 그러나 오락적이며, 레뷔의 성격을 띤 〈오! 캘커타!〉는 지난해 5월, 막을 올리고 어부지리(漁父之利)를 취한 것이다.

〈오! 캘커타!〉나 〈헤어〉가 어떠한 물의를 일으키고 어떠한 선풍적인 화제를 구미 연극계에 일으키고 있건 우리의 연극계와는 관계 없는 일이라고 말할 수 있을 것이다. 그런 종류의 공연이 사전 검열을 받는 우리의 무대에 허락될 리가 없고, 외국 연극의 소개로 말하더라도 보다 중요한 명작들이 얼마든지 있으니 〈오! 캘커타!〉나 〈헤어〉쯤 우리의 연극계에 소개되지 않는다고 해 밑질 건 없다.

그러나 비록 그것이 가치 없는 것이라 할지라도 세계 연극계의 화제작(話題作)들을 우리의 무대에 소개할 엄두도 내지 못한다는 것은 서글픈 일이 아닐 수 없다.

3. 70년의 구미 연극
- 연극 기행

지난 5월에서 7월까지 90일 동안 시즌이 끝나 가려는 구미 연극을 주마간산(走馬看山)이라는 표현은 뭐할지 모르지만 하여튼 달음박질쳐서 들여다보고 왔다고 할까. 미국에서 50개에 가까운 공연, 유럽에서 20개가 넘는 공연을 봤으니 어지간히 부지런을 떤 셈인데 공복(空腹)에 포식을 한 격이어서 제대로 소화가 될 리도 없었다.

대체 어떠한 공연이 좋은 공연이었을까……. 희곡은 좋은데 연출이 신통치 않다는 경우도 있을 것이고, 대단치 않은 희곡인데 무대상의 성과는 인상적일 수도 있을 것이고, 때로는 연기자의 명연(名演)을 얻어 영원한 무대로 남을 수도 있을 것이고, 그래서 나는 어떤 공연이 가장 좋더냐는 질문에 선뜻 대답을 못하는 것이다. 그러니까 어느 공연의 우열을 논한다기보다는 어떤 공연이 가장 인상적이었는가 하는 각도에서 몇 개의 공연을 생각해 본다.

5월 초 워싱턴은 반전(反戰) 데모로 들떠 있었다. 그러나 학생들의 데모를 보기 위해 미국까지 간 것이 아닌 나로서는 불안한 마음이 없지 않았다. 데모 속에서도 미국 대학 연극제가 포드 극장과 조지 워싱턴 대학의 대학극장에서 개최되고 있어 미국 극장에서 중요한 위치를 차지하고 있는 미국 대학극의 에센스를 대할 수 있었다는 것은 다행한 일이었다.

각 주에서 예선 또는 추천을 받아 약 10개의 대학이 이 페스티벌에 참가했는데 그 중에서도 흑인들의 대학인 호와드 대학의 〈끝나지 않을 노래〉는 인상적이며 감동적인 무대였다. 2막으로 된 이 작품은 뮤지컬의 형식을 취하고 있는데 1막은 미국에 노예로 끌려오기 전 아프리카 대륙 시대의 흑인들, 2막에서는 미국에 노예로 팔려 온 이후 오늘에 이르는 흑인들의 애환을 다룬 것이었다. 딱히 어떤 줄거리가 있는 것이 아니라 1막에서는 아프리카 대륙 전체에서 수집된 민요나 시로써 엮어져 있었다.

그러니까 흑인들 특유의 춤과 그들의 시의 낭송으로

전막(全幕)이 엮어진 셈인데 올 니그로 캐스트의 뛰어난 연기진(演技陣)과 절묘한 연출로 감동적인 무대를 이룩하고 있었다. 여러 사람의 시를 낭송 또는 노래함으로써 토막토막의 단편이 되기 쉬운 무대가 하나의 흐름 속에 앙상블을 이룩할 수 있었다는 것은 하나의 문화와 정열이 가지는 힘이기도 하겠지만, 세밀한 계산 위에 이룩된 그렌다 디커슨의 연출에 힘입은 바가 크다고 생각되었다. 그들은 흑인들이 부끄럼 없이 검은 피부를 가질 수 있는 권리를 얻을 때까지 〈끝나지 않을 노래〉를 정열적으로 노래하고 있었다.

뮤지컬의 형식을 취하고 있으면서 대부분의 뮤지컬이 지니고 있는 멜로드라마적 취향을 탈피한 시극적(詩劇的)인 무대로서, 미국의 뮤지컬이 가야 할 참된 방향을 암시하고 있는 것으로 느껴졌다.

미니애폴리스의 타이론 가리스 극장은 그 명성(名聲)에 어긋남이 없이 하나의 이상적인 극장이었다. 완벽한 음향과 조명, 반원형(半圓形) 트러스트 스테이지와 관람석의 조화, 모든 면에서 내가 본 극장 가운데 가장 부러운 극장이라 할 수 있었는데, 5월 중순 이 극장에서 볼 수 있었던 〈템페스트〉의 무대는 나에게 깊은 감명을 안겨 주었다. 우선 레퍼토리 극단이 지니고 있는 연기진의 완벽한 앙상블이 관객을 황홀케 하고 연출이

트러스트 스테이지의 묘미를 충분히 살리고 있다는 점에서 인상적이었다.

뉴욕의 연극은 파리나 런던의 연극에 비해서 단연 활기를 띠고 있는 느낌이었으며 레퍼토리면에서도 보다 다양하다고 볼 수 있었다. 〈코코〉나 〈캄파니〉 같은 상업적인 뮤지컬이 브로드웨이에서 히트를 치고 있으며, 〈헤어〉나 〈오! 켈커타!〉 같은 나체를 드러내는 뮤지컬이 화제가 되어 있는가 하면, 브렌단 베헌의 자서전을 극화한 작품이 매탄 극단에 의해 공연되어 호평을 받고 있었으며, 오프 브로드웨이의 소극장들에서는 실험적인 무대가 저마다 기염을 울리고 있었다.

상업적 흥행에 있어서는 물론이려니와 전위적 실험에 있어서도 뉴욕의 연극은 세계의 중심이 되어가고 있는 느낌이었다. 〈아무도 모르는 나(The me nobody knows)〉는 오프 브로드웨이의 뮤지컬로 전적으로 실험적인 무대라고 할 수는 없었으나 역시 미국의 종래의 뮤지컬의 패턴을 벗어난 강렬한 호소력을 지닌 무대였다. 작품의 내용은 뉴욕의 할렘가 빈민층(貧民層)의 어린이들의 꿈, 그리고 기쁨과 슬픔을 찬란하게 노래한 것으로, 재미있는 것은 절반에 가까운 뮤지컬 넘버의 가사는 어린이들의 시를 그대로 사용한 것이며 공연 중에 주고받는 대사는 전적으로 뉴욕 퍼블릭 스쿨 어린이들의 창작이라는 것이었다. 그러니까 어린이들 자신의 창작에 의한 시와 대화를 케리 윌리암 프리드만이 작곡한 뮤지컬로 역시 어린이 배우들에 의해서 연기된 무대로 나에겐 감동적인 체험이었다. 어린이들의 꿈 속에 우리들의 내일의 세계가 있으며, 그들의 어린 갈등 속에 변해 가는 세계의 몸부림이 표현된 것으로 느껴졌다. 지극히 좁은 무대는 단 하나의 세트로 변화가 없는데, 다만 조명의 변화에 따라 하나의 세트가 여러 세트의 구실을 해내는 것은 흥미있었다.

예일 대학의 연극과는 미국에서만이 아니라 세계적인 명성을 떨치고 있었고 예일 연극과의 레퍼토리 극단은 그 공연이 있을 때마다 뉴욕 연극계의 비상한 관심을 끈다고 한다. 마침 내가 뉴욕에 머물러 있는 사이 뉴욕 타임지의 유명한 연극평론가였다가 지금은 예일 대학 연극과장으로 있는 로버트 브르스틴의 연출에 의한 몰리에르의 〈동 쥐앙〉 공연이 있어 두 시간 남짓한 하이웨이를 달려 예일로 갔다. 〈신의 적〉이라는 부제가 붙은 이 〈동 쥐앙〉은 내가 파리의 코메디 프랑세즈나 국립대중극장(T.N.P.)에서 본 〈동쥐앙〉과는 전혀 다른 무대로 동 쥐앙 전설(傳說)을 현대적인 각도에서 해석하고 동 쥐앙의 인간상을, 고민하는 현대의 인간으로 부각하고 있었다.

예일대학의 극장은 낡은 옛날 교회를 그대로 극장으로 만든 것인데 브르스틴의 연출은 마치 이 교회 안에서 극이 진행되고 있는 듯한 인상을 관객에게 줌으로써 관객들을 송두리째 연극 속으로 끌어들이고 있었다.

런던에서는 로렌스 올리비에가 주재하는 국립극장에서 현대화된 셰익스피어의 〈베니스의 상인〉, 스토파드의 〈로젠크렌즈와 길덴스턴〉 등 두 개의 무대와 전위적인 빛깔이 강한 〈3개월이 흘러가다〉, 상업적인 흥미가 넘쳐흐르는 〈부당한 행동〉 등을 봤다.

〈로젠크렌즈와 길덴스턴〉은 완벽한 연기진의 앙상블과 리듬감이 넘치는 연출로 영국 연극의 전통적인 깊이를 느끼게 했다.

파리의 무대는 어쩐지 침체(沈滯)한 느낌이었으나 코메디 프랑세즈는 프랑스 연극의 고전적인 맛으로 그 매력을 잃지 않고 있었으며, 〈시라노 드 벨즈락〉〈세빌리아의 이발사〉〈수전노〉 등 여러 레퍼토리 가운데, 약간 현대적 해석과 감각을 곁들인 몰리에르의 〈수전노〉가 가장 인상적이었다.

내가 본 70년의 구미 연극, 그것은 69년 가을 시즌에서 70년 봄 시즌에 걸친 구미 연극이라 할 수 있겠는데, 여기서 흥미있는 것은 런던이나 파리의 연극계에서 인상 깊었던 무대가 지극히 전통적인 고전극 무대였다면 미국의 경우는 대하극 공연이나 오프 브로드웨이의 새로운 경향(傾向)의 실험적 무대들이 더욱 감동적이었다는 것이다.

후 기

 연극 연출이라는 걸 처음으로 한 게 60년 5월이었다고 생각한다. 이화여대의 연극부 학생들과 아리스토파네스의 〈리시스트라다〉를 이화여대의 대강당 무대에 올린 것이다. 대 남성(對男性)의 집단적 싸움에서 여성들이 승리를 거두는 작품이니 여대생들의 아마추어 무대에는 적합한 작품 같지만, 너무나 대담한 성적묘사(性的描寫)가 있어 외국에서도 때때로 말썽이 생기는 작품이거늘 그러한 작품이 여대생들에 의해서 공연되어 말썽이 안 일어났다는 것은 하나의 기적(奇蹟)이었다.
 이화여대의 대강당이 여대생들에게는 너무나 커서 대사가 제대로 전달되지 않았고 그런데도 3천 명 가까운 관객이 연극을, 연극적 분위기를 즐길 수 있었으니 분명 연극적 기적이라 할 수 있지 않은가. 이 연극적 기적에 홀려서 나는 연출가라는 환상(幻想)의 이름에 끌려 10여 년을 살아왔다고나 할까…….
 63년에 민중극장(民衆劇場)의 창립공연 〈달걀〉을 연

출하고, 66년에는 자유극장(自由劇場)의 창립공연 〈따라지의 향연〉을 연출하고……. 그러면서 나는 동인제(同人制) 또는 직업극단의 연극 30여 편을 연출하고, 이화여자대학, 성심여자대학 등의 학생극 10여 편을 연출해 왔다. 1년에 평균 4편의 작품을 무대에 올린 셈이니 엄청나게 많은 작업량이라 하겠는데, 그만큼 작업이 소홀해지고 타성에 빠진 작업에 끌려오지 않았나 하는 반성이 되기도 한다.

좋아서, 홀려서 연극을 한다는 자아도취에서 벗어나 새삼 자기가 하는 작업에 대해서 좀더 반성해 볼 필요가 있다는 생각이 든 것이다. 대체 연극이란 할 만한 가치가 있는 것인가? 무엇을 어떻게 표현해야 할 것인가? 이런 문제를 실제 연극을 만드는 사람의 입장에서 검토해 보고 그럼으로써 연극이라면 그저 신이 나고, 사회에서의 입신출세(立身出世)라는 현실적인 타산과도 등을 지겠다는 젊은 연극학도들, 대학의 연극반 학생들, 그리고 비록 많은 숫자는 아니지만 그러나 꾸준한 연극 관객들과 더불어 생각해 보자는 것이다.

서문당의 최석로 사장님께서 나의 이러한 생각에 찬성을 해주셨다. 그러나 나는 서문당과의 약속을 1년이나 어겼다. 그 동안 약속을 지키지 못한 것은 또다시 연극에 끌려가는 듯한 연출작업에 쫓긴 탓도 있지만 실제 연극을 하는 사람으로서 자기의 작업을 분석·검토하고 그럼으로써 젊은 연극 동호인들의 연극 입문서가 되도록 한다는 우리들의 의도를 한 권의 책으로 구체화시킨다는 작업이 결코 쉬운 일이 아닌 데도 원인이 있었다. 스스로의 모순된 생각에 당황하기도 하고 스스로의 편견에 새삼 염증을 느끼기도 하며, 그런대로 나는 나대로 방향을 상실하지 않으려고 노력했다고 말한다면 구차스런 변명이 될까.

 연극을 새마을 운동을 위한 계몽수단으로 또는 사회개혁을 위한 수단으로 이용하려는 데 이의(異議)를 제기할 생각은 없다. 연극의 기능 가운데 계몽적 또는 교육적 기능도 예술적 기능 못지않게 중요하리라. 하나의 작품을 무대에 올렸을 때 관객들의 반응의 다양함에 놀란다. 연극은 모든 사람에게 저마다의 의미를 갖고 있는 모양이다. 그러나 그러한 의미의 기초에 연극적 재미, 연극 특유의 재미가 있어야 한다는 사실도 부정할 수 없는 것이 아닐까.
 물론 그 특유의 재미가 우리의 사회, 우리의 삶과 무관한 것이어서도 안 될 것이다. 어쨌든 나는 가능한 한 편견을 버리고 연극을 생각하고 우리의 연극을 이야기하려 했으며, 그래서 너무나 주장이 없는 이야기라는 비난을 받는다 해도 할 수 없는 일이다.

저자 약력

서울대학교 문리대 불문과 졸업
프랑스 소르본대학 영화대에 유학
중앙대학교 연극영화과 교수
극단 민중극장 자유극장 동인으로
페리시앙 말소 작 〈달걀〉
박조열 작 〈토끼와 포수〉
스칼페타 작 〈따라지의 향연〉
까뮈 작 〈흑인 창녀를 위한 고백〉
최인훈 작 〈어디서 무엇이 되어 만나랴〉
이오네스코 작 〈대머리 여가수〉 등 40여 편의 작품을 연출

역   서
몰리에르 〈따르뛰프〉
아 누 이 〈도적들의 무도회〉 등 다수의 희곡을 번역

나의 연극교실 〈서문문고113〉

개정판 인쇄 / 1996년 3월 25일
개정판 발행 / 1996년 3월 31일
지은이 / 김 정 옥
펴낸이 / 최 석 로
펴낸곳 / 서 문 당
주소 / 서울시 마포구 성산1동 20-12호
전화 / 322—4916~8 팩스 / 322-9154
등록일자 / 1973. 10. 10
등록번호 / 제13-16

초판 발행 : 1974년 4월 5일 * 잘못된 책은 바꾸어 드립니다

서문문고목록 1

서문문고 목록

001~303
◆ 번호 1의 단위는 국학
◆ 번호 홀수는 명저
◆ 번호 짝수는 문학

001 한국회화소사 / 이동주
002 헤세 단편집 / 헤세
003 고독한 산책자의 몽상 / 루소
004 멋진 신세계 / 헉슬리
005 20세기의 의미 / 보울딩
006 가난한 사람들 / 도스토예프스키
007 실존철학이란 무엇인가 / 볼노브
008 주홍글씨 / 호돈
009 영문학사 / 에반스
010 쯔바이크 단편집 / 쯔바이크
011 한국 사상사 / 박종홍
012 플로베르 단편집 / 플로베르
013 엘리어트 문학론 / 엘리어트
014 모음 단편집 / 서머셋 모음
015 몽테뉴수상록 / 몽테뉴
016 헤밍웨이 단편집 / E. 헤밍웨이
017 나의 세계관 / 아인스타인
018 춘희 / 뒤마피스
019 불교의 진리 / 버트
020 뷔뷔 드 몽빠르나스 / 루이 필립
021 한국의 신화 / 이어령
022 몰리에르 희곡집 / 몰리에르
023 새로운 사회 / 카아
024 체호프 단편집 / 체호프
025 서구의 정신 / 시그프리드
026 대학 시절 / 슈토롬
027 태초에 행동이 있었다 / 모로아
028 젊은 미망인 / 쉬니츨러
029 미국 문학사 / 스필러
030 타이스 / 아나톨프랑스
031 한국의 민담 / 임동권
032 비계 덩어리 / 모파상
033 은자의 황혼 / 페스탈로치
034 토마스만 단편집 / 토마스만
035 독서술 / 에밀파게
036 보물섬 / 스티븐슨
037 일본제국 흥망사 / 라이샤워
038 카프카 단편집 / 카프카
039 이십세기 철학 / 화이트
040 지성과 사랑 / 헤세
041 한국 장신구사 / 황호근
042 영혼의 푸른 상흔 / 사강
043 러셀과의 대화 / 러셀
044 사랑의 풍토 / 모로아
045 문학의 이해 / 이상섭
046 스탕달 단편집 / 스탕달
047 그리스, 로마신화 / 벌핀치
048 육체의 악마 / 라디게
049 베이컨 수상록 / 베이컨
050 미뇽레스코 / 아베프레보
051 한국 속담집 / 한국민속학회
052 정의의 사람들 / A. 까뮈
053 프랭클린 자서전 / 프랭클린
054 투르게네프단편집 / 투르게네프
055 삼국지 (1) / 김광주 역
056 삼국지 (2) / 김광주 역
057 삼국지 (3) / 김광주 역
058 삼국지 (4) / 김광주 역
059 삼국지 (5) / 김광주 역
060 삼국지 (6) / 김광주 역
061 한국 세시풍속 / 임동권
062 노천명 시집 / 노천명
063 인간의 이모저모 / 라 브뤼에르
064 소월 시집 / 김정식
065 서유기 (1) / 우현민 역
066 서유기 (2) / 우현민 역
067 서유기 (3) / 우현민 역
068 서유기 (4) / 우현민 역
069 서유기 (5) / 우현민 역
070 서유기 (6) / 우현민 역
071 한국 고대사회와 그 문화 / 이병도
072 피서지에서 생긴일 / 슬론 윌슨

서문문고목록 2

073 마하트마 간디전 / 로망롤랑
074 투명인간 / 웰즈
075 수호지 (1) / 김광주 역
076 수호지 (2) / 김광주 역
077 수호지 (3) / 김광주 역
078 수호지 (4) / 김광주 역
079 수호지 (5) / 김광주 역
080 수호지 (6) / 김광주 역
081 근대 한국 경제사 / 최호진
082 사랑은 죽음보다 / 모파상
083 퇴계의 생애와 학문 / 이상은
084 사랑의 승리 / 모옴
085 백범일지 / 김구
086 결혼의 생태 / 펄벅
087 서양 고사 일화 / 홍윤기
088 대위의 딸 / 푸시킨
089 독일사 (상) / 텐브록
090 독일사 (하) / 텐브록
091 한국의 수수께끼 / 최상수
092 결혼의 행복 / 톨스토이
093 율곡의 생애와 사상 / 이병도
094 나심 / 보들레르
095 에머슨 수상록 / 에머슨
096 소아나의 이단자 / 하우프트만
097 숲속의 생활 / 소로우
098 미울의 로미오와 줄리엣 / 켈러
099 참회록 / 톨스토이
100 한국 판소리 전집 /신재효,강한영
101 한국의 사상 / 최창규
102 결산 / 하인리히 빌
103 대학의 이념 / 야스퍼스
104 무덤없는 주검 / 사르트르
105 손자 병법 / 우현민 역주
106 바이런 시집 / 바이런
107 종교론,국민교육론 / 톨스토이
108 더러운 손 / 사르트르
109 신역 맹자 (상) / 이민수 역주
110 신역 맹자 (하) / 이민수 역주
111 한국 기술 교육사 / 이원호
112 가시 돋힌 백합/ 어스킨콜드웰
113 나의 연극 교실 / 김경옥
114 목녀의 로맨스 / 하디
115 세계발행금지도서100선
　　/ 안춘근
116 춘향전 / 이민수 역주
117 형이상학이란 무엇인가
　　/ 하이데거
118 어머니의 비밀 / 모파상
119 프랑스 문학의 이해 / 송면
120 사랑의 핵심 / 그린
121 한국 근대문학 사상 / 김윤식
122 어느 여인의 경우 / 콜드웰
123 현대문학의 지표 외/ 사르트르
124 무서운 아이들 / 장콕토
125 대학·중용 / 권태익
126 사씨 남정기 / 김만중
127 행복은 지금도 가능한가
　　/ B. 러셀
128 검찰관 / 고골리
129 현대 중국 문학사 / 윤영춘
130 펄벅 단편 10선 / 펄벅
131 한국 화폐 소사 / 최호진
132 시청수 최후의 날 / 위고
133 사르트르 평전 / 프랑시스 장송
134 독일인의 사랑 / 막스 뮐러
135 사서삼경 입문 / 이민수
136 로미오와 줄리엣 /셰익스피어
137 햄릿 / 셰익스피어
138 오델로 / 셰익스피어
139 리어왕 / 셰익스피어
140 멕베드 / 셰익스피어
141 한국 고시조 500선/강한영 편
142 오색의 베일 /서머셋 모음
143 인간 소송 / P.H. 시몽
144 불의 강 외 1편 / 모리악
145 논어 /남만성 역주
146 한여름밤의 꿈 / 셰익스피어
147 베니스의 상인 / 셰익스피어
148 태풍 / 셰익스피어
149 말괄량이 길들이기/셰익스피어

서문문고목록 3

150 뜻대로 하셔요 / 셰익스피어
151 한국의 기후와 식생 / 차종환
152 공원묘지 / 이블린
153 중국 회화 소사 / 허영환
154 데미안 / 헤세
155 신역 서경 / 이민수 역주
156 임어당 에세이선 / 임어당
157 신정치행태론 / D.E.버틀러
158 영국사 (상) / 모로아
159 영국사 (중) / 모로아
160 영국사 (하) / 모로아
161 한국의 괴기담 / 박용구
162 윤손 단편 선집 / 윤손
163 권력론 / 러셀
164 군도 / 실러
165 신역 주역 / 이기석
166 한국 한문소설선 / 이민수 역주
167 동의수세보원 / 이제마
168 좁은 문 / A. 지드
169 미국의 도전 (상) / 시라이버
170 미국의 도전 (하) / 시라이버
171 한국의 지혜 / 김덕형
172 감정의 혼란 / 쯔바이크
173 동학 백년사 / B. 웜스
174 성 도밍고섬의 약혼 /클라이스트
175 신역 시경 (상) / 신석초
176 신역 시경 (하) / 신석초
177 베를렌느 시집 / 베를렌느
178 미시시피씨의 결혼 / 뒤렌마트
179 인간이란 무엇인가 / 프랭클
180 구운몽 / 김만중
181 한국 고사조사 / 박을수
182 어른을 위한 동화집 / 김요섭
183 한국 위기(圍棋)사 / 김용국
184 숲속의 오솔길 / A.시티프터
185 미학사 / 에밀 우티쯔
186 한중록 / 혜경궁 홍씨
187 이백 시선집 / 신석초
188 민중들 반란을 연습하다
　/ 귄터 그라스
189 축혼가 (상) / 샤르돈느
190 축혼가 (하) / 샤르돈느
191 한국독립운동지혈사(상)
　/ 박은식
192 한국독립운동지혈사(하)
　/ 박은식
193 항일 민족시집/안중근외 50인
194 대한민국 임시정부사 /이강훈
195 항일운동가의 일기/장지연 외
196 독립운동가 30인전 / 이민수
197 무장 독립 운동사 / 이강훈
198 일제하의 명논설집/안창호 외
199 항일선언·창의문집 / 김구 외
200 한말 우국 명상소문집/최창규
201 한국 개화사 / 김용욱
202 전원 교향악 외 / A. 지드
203 직업으로서의 학문 외
　/ M. 베버
204 나도향 단편선 / 나빈
205 윤봉길 전 / 이민수
206 다니엘라 (외) / L. 린저
207 이성과 실존 / 야스퍼스
208 노인과 바다 / E. 헤밍웨이
209 골짜기의 백합 (상) / 발자크
210 골짜기의 백합 (하) / 발자크
211 한국 민속약 / 이선우
212 젊은 베르테르의 슬픔 / 괴테
213 한문 해석 입문 / 김종권
214 상록수 / 심훈
215 채근담 강의 / 홍웅명
216 하디 단편선집 / T. 하디
217 이상 시전집 / 김해경
218 고요한물방아간이야기
　/ H. 주더만
219 제주도 신화 / 현용준
220 제주도 전설 / 현용준
221 한국 현대사의 이해 / 이현희
222 부와 빈 / E. 헤밍웨이
223 막스 베버 / 황산덕
224 적도 / 현진건

서문문고목록 4

225 민족주의와 국제체제 / 힌슬리
226 이상 단편집 / 김해경
227 심락신강 / 강무학 역주
228 굿바이 미스터 칩스 (외) / 힐튼
229 도연명 시전집 (상) / 우현민 역주
230 도연명 시전집 (하) / 우현민 역주
231 한국 현대 문학사 (상) / 전규태
232 한국 현대 문학사 (하) / 전규태
233 말테의 수기 / R.H. 릴케
234 박경리 단편선 / 박경리
235 대학과 학문 / 최호진
236 김유정 단편선 / 김유정
237 고려 인물 열전 / 이민수 역주
238 에밀리 디킨슨 시선 / 디킨슨
239 역사와 문명 / 스트로스
240 인형의 집 / 입센
241 한국 골동 입문 / 유병서
242 토마스 울프 단편선 / 토마스 울프
243 철학자들과의 대화 / 김준섭
244 파리시절의 릴케 / 버틀러
245 변증법이란 무엇인가 / 하이스
246 한용운 시전집 / 한용운
247 중론송 / 나아가르쥬나
248 알퐁스도데 단편선 / 알퐁스 도데
249 엘리트와 사회 / 보트모어
250 O. 헨리 단편선 / O. 헨리
251 한국 고전문학사 / 전규태
252 정을병 단편집 / 정을병
253 악의 꽃들 / 보들레르
254 포우 걸작 단편선 / 포우
255 양명학이란 무엇인가 / 이민수
256 이육사 시문집 / 이원록
257 고시 십구수 연구 / 이계주
258 안도라 / 막스프리시
259 병자남한일기 / 나만갑
260 행복을 찾아서 / 파울 하이제
261 한국의 효사상 / 김익수
262 갈매기 조나단 / 리처드 바크
263 세계의 사진사 / 버먼트 뉴홀
264 환영(幻影) / 리처드 바크
265 농업 문화의 기원 / C. 사우어
266 젊은 처녀들 / 몽테를랑
267 국가론 / 스피노자
268 임진록 / 김기동 편
269 근사록 (상) / 주회
270 근사록 (하) / 주회
271 (속)한국근대문학사상 / 김윤식
272 로렌스 단편선 / 로렌스
273 노천명 수필집 / 노천명
274 콜롱바 / 메리메
275 한국의 연정담 / 박용구 편저
276 심학학 / 황산덕
277 한국 명창 열전 / 박경수
278 메리메 단편집 / 메리메
279 예언자 / 칼릴 지브란
280 충무공 일화 / 성동호
281 한국 사회풍속야사 / 임종국
282 행복한 죽음 / A. 까뮈
283 소학 신강 (내편) / 김종권
284 소학 신강 (외편) / 김종권
285 홍루몽 (1) / 우현민 역
286 홍루몽 (2) / 우현민 역
287 홍루몽 (3) / 우현민 역
288 홍루몽 (4) / 우현민 역
289 홍루몽 (5) / 우현민 역
290 홍루몽 (6) / 우현민 역
291 현대 한국시의 이해 / 김해성
292 이효석 단편집 / 이효석
293 현진건 단편집 / 현진건
294 채만식 단편집 / 채만식
295 삼국사기 (1) / 김종권 역
296 삼국사기 (2) / 김종권 역
297 삼국사기 (3) / 김종권 역
298 삼국사기 (4) / 김종권 역
299 삼국사기 (5) / 김종권 역
300 삼국사기 (6) / 김종권 역
301 민화란 무엇인가 / 임두빈 저
302 건초더미 속의 사랑 / 로렌스
303 야스퍼스의 철학 사상
　　　　 / C.F. 월레프